HERO'S

経営という冒険を楽しもう4 前編

山崎文栄堂の奇跡

「HERO'S CLUB」主宰
仲村恵子

CLUB

はじめに

日本を元気に、立ち上がれ豈魂《やまとだましい》！

ワールドユーアカデミー・ヒーローズクラブからの出版も、早いもので6冊目になりました。アマゾンのランキングでも22冠という好評を頂き、嬉しい限りです。

でもこれは、とりもなおさず、多くの会社が想像も出来ない時代の変化の中で経営という冒険に船出していて、思いもかけない試練が起こった時、その突破口を私たちの本に期待して共感してくれているという証ではないでしょうか。

今あなたの会社が、社内の人間関係や仕事の目的、やりがいや新時代に合わせた経営などで壁にぶち当たっていても、必ずそれを解消し、明るくてありがたくて楽しい経営に生まれ変わることができます。

それを成し遂げることができた、仲間たちの奇跡のような真実の物語がワールドユーアカデミー・ヒーローズクラブの本なのです。

時代はドンドン変化し誰も止めることができません。
特に二〇二〇年のコロナ以降、新時代では会社や学校に行けなくなり、子供たちは話すことや歌うこと、自由に遊ぶこと、子供時代の大切な思い出がマスクで覆われています。小学校に入学したばかりの子供が、泣きながら母に訴えたそうです。「みんなマスクしているから、お顔が覚えられない」と……。

まさか飲食店が営業を制限されたり、自由な言論や行動が規制されるなど誰が想像していたでしょう。

諦め型倒産、子供たちの鬱、自殺者の増加、日本の土地が水源地を中心に買収され、農業では生産者の平均年齢は七十歳を超え、愛する我が国日本の、農業・教育・文化・経済など大切なものが音を立てて崩れていこうとしています。

私たちヒーローズクラブは、そんな新時代の中で悲観的になるのではなく、仕方がないと無関心になるでもなく、みんながどうせ無理と諦めそうになった時、「もしヒーローだったら、どのような行動をするのだろうか？」という考え方に挑戦しています。

このような八方塞がりのように思うときこそ、天に向かって「それでも元気だ！　ヒーローズ」と拳を高くあげ、創意工夫し日本人ならではの絆で、力を合わせて助け合おうと、高い志を持って集まった経営者の仲間たちです。

しかし最初からチームが一つになったわけでも、志を持って会社経営をしてきたわけでもありません。自分の課題や、幹部との確執や、希望を持てない現実がありました。

この物語は、社長の山崎登と専務の若狭謙治、そして善き仲間と共に、大きく変化する時代の荒波に立ち向かい、志にめざめ、新時代でも営業せずに応援され売り上げが上がり続ける「奇跡のような企業」へと考え方をシフトし成功した、十年間の物語です。

このプロセスは誰でも実現可能です。ただ幸せになる覚悟と、過去の古い考え方を超えて仲間と共に楽しく学ぶ挑戦が必要です。

この奇跡の物語が、新時代の成功法則を本気で探している善き仲間に届けば幸いです。

私は、自分の中で十年を一つの単位にして二〇〇八年から経営者のためのプログラムをはじめ、二〇一八年にヒーローズクラブを立ち上げるために一連のプログラムを構築しました。いい機会ですから、ワールドユーアカデミーのプログラムの成り立ちを少し説明させてください。

第1ステップは、経営者の考え方をシフトする。

第2ステップは、社長と幹部が魂の同志になる。

第3ステップは、会社が志を中心にワンチームになる。

ここまでの3ステップを経て、第1ステージをクリアすることになります。

この第1ステージの特徴は、素晴らしいワンチームになるのですが、やはり得られるものは自分と幹部の関係性や会社が良くなることなので、結局自分たちのことに終始しています。すべて自分たちの考え方をシフトし行動した「自力の世界」です。

第2ステージに入ると、今度は「他力の風」が吹きます。沢山の仲間に応援して頂ける輝く奇跡のような企業に成長していくのです。

ここまできた人は、全員感動します。全く経験したことのない幸せな人生へと、すべてがウソのように反転するからです。いったい今までの苦労はなんだったのか？　とつぶやくことになる、完全に今までと全く違う世界を生きることになるのですから。（本当は全部で、第9ステージまであるのですが、そのお話はまたの機会に譲るとしましょう）

実際考え方を反転させ、会社が楽しい教育と貢献活動ができるワンチームになるまでは、相当な覚悟と時間もかかりました。うっそうとした暗い藪の中に道をつくるような感じです。

そして、まだ誰も歩いていないこの道の果てに、光があることを信じて歩いてくれたのが、今回の物語「山崎文栄堂」なのです。

離職率八〇％以上、倒産まであと二時間、希望を失ったような社員たち、疲れ切って出口が見えない社長……。最悪だったこの会社が、感謝と幸せとありがとうと笑顔に満ちて、何もしなくても「山崎文栄堂さんとお付き合いしたい」と、仕事が舞い込んでくる最高の会社に生まれ変わるまでの、本当にあった奇跡の物語です。

あなたの会社も変わることができます。経営という冒険を楽しみながら読み進めてくだされば幸いです。

「HERO'S CLUB」「豊プロジェクト」主宰
株式会社ワールドユーアカデミー　代表取締役　仲村恵子

目次

STEP 2　社長と幹部が魂の同志になる

山崎文栄堂の奇跡　前編

離職率八〇%の企業が、社長が変わり、幹部が魂の同志になり、
社員がワンチームになり、神様の試練を乗り越えて、
他力の風が吹く幸せな経営を手に入れるまでの三六五〇日間の真実の物語

STEP 1　経営者の考え方をシフトする

第1章　成功企業と称された山崎文栄堂の表と裏

成功者　山崎登

「それでは、お待たせいたしました。経済産業省推進事業IT経営応援隊で、IT経営企業百選の最優秀企業に、なんと二年連続で選ばれました、山崎文栄堂の社長、山崎登の登場です！」

紹介のアナウンス、それに続く大きな拍手がきこえる。

講演会会場の舞台袖で待機していた山崎は、背筋を伸ばし、顔を数回叩き、口角を上げて笑顔をつくった。

そして、早足で、テンポよく舞台の中央に移動し、観客に礼をする。

会場を埋める経営者やビジネスマンたちの目が輝く。さらに、大きな拍手が山崎を迎えた。

IT 革命での成功者の一人として講演依頼が殺到した

山崎の祖父が創業した文房具店「山崎文栄堂」は一九九五年に倒産の危機を迎えていた。その一年前の一九九四年に後継ぎとして入社し、社長に就任した山崎は、この倒産の危機を乗り越え、会社を存続させただけでなく、売り上げをたった十年間で、約三〇倍にまで伸ばした。

この急成長を成し遂げた原動力は、当時はまだあまり認知されていなかったＩＴ技術を積極活用した全国的オフィス通販会社の代理店にいち早く加盟したことである。さらに、ＩＴ技術を活用し、顧客管理、顧客からのクレーム対応、社内の情報共有を進めた山崎は、ＩＴ革命での成功者の一人として、注目される存在となった。

多くの雑誌や書籍に取り上げられただけでなく、全国から講演会の依頼も殺到していた。今日のこの講演会もその一つである。前日も深夜まで仕事をしていた山崎は、徹夜に近い状態で、この講演会に臨んでいた。

「私のモットーは、『おしごとたのしく』です。一日で一番長い時間携わっている仕事の時間が楽しいと、毎日がとても楽しくなるのです。当社では、クレーム対応の電話を『ラッキーコール』と呼ぶことにしたり、仕事中に社員に感謝を感じたら、その気持ちを形にした『サンクスカード』を渡すといった工夫をして、楽しみながら仕事をしています」

そんな、観客が喜びそうなエピソードを話す山崎。ときには、この分野のリーダーであることをアピールするかのように、檄をとばした。

「ＩＴは、お客様と社員と社長が元気になる、楽しくなるための環境整備にすぎない！　ＩＴを入れたから大丈夫だと思うのは大きな勘違いだ。環境整備が常に継続されているかを、あなた方、経営者は常にチェックしなければならない！」

称賛の拍手と共に講演は終わった。

記念撮影や雑誌の取材に対応した後、山崎は控室に戻った。

控室のドアを閉め、近くの椅子に座った山崎は、一人呟いた。

（全くどこが、『おしごとたのしく』だ……）

それまでエネルギッシュであったはずの山崎の顔は、目は虚ろ、口角と頬は下がり、生気が全くない無表情に変化していた。

山崎は、いくら働いても、楽しくもなければ幸せも感じなかった。気のせいかもしれないが、社員の働いている姿も楽しそうには見えない。幹部とも、ぎくしゃくした関係だった。

そんな自分が、マスコミにもてはやされて、講演会で語るとは滑稽だった。

(きっと、まだ、売り上げや利益が足りないのだろう。社長である私が、もっと頑張って、社員を引っ張っていかなければ。そして、もっと、売り上げを伸ばしていかなければいけない)

山崎は、自分を叱咤しつつ、暗澹たる気分になった。

タクシーが到着したことを知らせる電話が鳴った。

「明日も、頑張って、皆を引っ張っていくか……」

重い足取りで、うつむきがちに控室を出た。

山崎文栄堂の日常

「九二五三ってなんだ?」

山崎の声が、静かに社内に響いた。

「もう一度きく」

低く、落ち着いた声で、山崎は質問する。社員は疲れ切っているのだろう。山崎の質問に答えることもせずにうつむき、擦れて汚れた革靴をぼんやりと見つめていた。ぽたりと一滴、社員の顎先から汗が滴り落ちた。

「なんで九二五三なんだ？」

山崎は、この静寂を押し返し、確認するように、大きな声で質問した。しかしその声の後は空調の音だけが響き、社員全員の沈黙を際立たせるだけだった。

山崎文栄堂の営業部会議室では、山崎と十六人の営業部員全員が集まり、夕方のミーティングが行われている。

「九二五三」とは、山崎の目の前にいる社員が今日一日で歩いた歩数である。

山崎は、営業部の社員全員に歩数計を装着させ、一日一万歩、歩くことを義務付けていた。にもかかわらず、この義務を守れなかった社員を、山崎は問いただしていた。

山崎文栄堂営業部の一日は、歩数計のカウントを〇《ゼロ》にセットすることからはじまる。

「皆、歩数計はリセットしたな。では、一人ずつ、今日の目標を宣言して、出発だ。今日も、ライバルに勝って、契約を取ってこい！」

山崎の檄を合図に、社員は一人ずつ大声で宣言する。

「訪問目標一〇〇件、新規開拓三件、取るまで帰ってきません！」

宣言の後、紙切れが宙に舞う。戦場に向かう兵士を送る紙吹雪のようなそれは、ライバル会社のカタログである。憎き相手を破りちぎって宙に投げ、社員たちは会社を飛び出していくのであった。

夕方、戦いを終えた社員たちは、会議室で、山崎にその日の成果を報告する。一日必死に歩けば、歩数計は一万歩を超え、訪問営業一〇〇件は余裕で達成できる。自ずと、新規契約も三件程度は取れることを、山崎はこれまでの経験で知っていた。

このため、歩数が一万に達していなかった社員を、山崎は努力が足りていないと判断し、なぜ一万歩歩けなかったのか、なぜ努力できなかったのか問いただすのであった。決して社員をいじめているのではない。社員の成長と会社の売り上げアップを願ってのことである。

山崎は、この歩数計制度以外にも、会社の売り上げをアップさせ『社員を幸せにする』ためのシステムや制度を取り入れていた。

情報伝達の遅れは会社に大きな損害を与えると考えた山崎は、ボイスメールというシステムを導入した。

「お客様から問い合わせメールがきているのに、なんでまだ対応していないんだ！　今日中に、必ず回答するように」

「ボイスメールを受け取ったら、皆、即返信するように」

「緊急連絡！　急な案件のため、明日の朝に予定していた会議は延期します。各自、予定を早急に組み直し、朝イチからしっかり営業をかけるように」

ボイスメールとは、電話を利用して伝言を送るシステムである。山崎は、早朝土日関係なく、必要だと思ったことはボイスメールで全社員に送った。そして、受信した社員は、何時であろうと必ず携帯をチェックして返信することをルールとした。

また、全社員の業務状況をすべて把握しておきたかった山崎は「タクシーお迎え報告」という制度を導入した。

お迎え担当となった社員は、早朝山崎を自宅に迎えに行き、一緒にタクシーで会社に向かう途中の車内で業務報告する。昼間は通常業務で時間が取れないため、出勤時間を有効利用する山崎自慢の制度である。

「お迎え、ご苦労様。早速、報告をきこうか」

タクシーに乗り込んだ山崎は、担当の社員にそう言った。

「ターゲットにしているこの会社は、値引きした価格を提示して契約交渉中です」

「それ、先週も同じこと言ってたよな。早く進めろ！」

「はい……。申し訳ありません。あと、ターゲットではないのですが、この会社、私のことを気に入ってくれまして、今の契約先と同じ値段であれば当社に乗りかえても良いと」

「そこは、最大手と契約してる会社だろ、やらなくていい。ランチェスター戦略をわからないやつだな。ターゲット以外はほっておいて、早くターゲットから」

「ですが……。せっかく私を気にかけてくれて」

「なんで、指示した通りにやらないんだ。頭を冷やせ」

社員を叱咤しながら、運転手に車を停めるように指示を出す山崎。

「降りろ」

社員は、弱々しくタクシーを降りた。ドアが自動で閉まり走り去る。

この「タクシーお迎え報告」を使い、山崎は社内全体の状況を把握するとともに、方向性の違う社員や努力の足りない社員に厳しく指導した。反省を促すため、途中で降車させることも度々だった。

(社員の心、気持ちなんか関係ない。社員が数字とルールをとにかく守って、私の言う通りに動きさえすれば売り上げは伸びる。そして、皆、幸せになるんだ。絶対に負けない。勝ち続けてやる)

この想いが、山崎を突き動かしていた。

この日も蒸し暑い一日だった。夏の日差しが執拗にビルやアスファルトを熱し、夕方になっても熱が冷めていく気配すらない。その暑さの中を歩き回った社員たちは一様に疲れ果て、オフィス内の冷気を感じる余裕もなさそうであった。

疲れているのはわかっている。しんどいだろう。だが、皆で頑張って業績を上げれば、その分を皆に還元することができる。『皆の幸せの形』がここにある。山崎はそう確信していた。

「頑張って三倍働いて、三倍幸せになるんだよ、明日も頑張ろう！」

この日も社員を鼓舞する山崎であった。

山崎の軍隊式経営

山崎文栄堂は、山崎の祖父である山崎健三が、一九二五年渋谷に開業した歴史ある文房具屋である。紙と文具の山崎文栄堂としてその後も続いていくが、経営は次第に悪化していく。

山崎文栄堂の柱となる事業が必要だと、家業を継いだ山崎は考えていた。渋谷という立地を生かした安定した商売の方法はないか。

そんなとき、経済誌を捲っていた山崎の目に『オフィス通販会社正規取扱販売店制度』の文字が飛び込んできた。何より目を引いたのは、そのシステムだった。

通常、メーカーなどの直販通販は町の文房具店とシェアを奪い合うが、そのオフィス通販会社は違った。山崎文栄堂のような町の文房具店を販売担当店としてシステムに取り込み、メーカーと小売店の共存共栄が図られていたのだ。販売代理店として、新規顧客獲得のための営業活動と代金回収、顧客のケアを町の文房具店が行い、本部はカタログ作成と商品の受注や発送、問い合わせ等を行うという完全分業制だ。

山崎はその事業に参画することを決意し、代理店契約をした。

山崎文栄堂は渋谷区を拠点とし、地道に営業活動を続けていく。少しずつ業績は上がっていくが、激戦区で戦っていくには起爆剤となる何かが足りなかった。

(何かないか、社員全員でもっと稼げるようになるには)

山崎はそこで、経営コンサルタントのセミナーに参加し、経営のヒントを得ようと努めた。そして、ランチェスター戦略という営業戦略を提案される。

ランチェスター戦略とは、元々はランチェスター法則という戦争理論のことである。限られた範囲の市場占有率を獲得するために有効と考えられている戦略の一つであり、大企業からベンチャー企業、そして多くの中小企業が取り入れていた。

山崎は戦略的経営コンサルタントと契約し、このランチェスター戦略を取り入れた。売り上げが伸びれば利益が多く出る。利益が多く出るということは、社員に還元することができるのだ。社員に利益を還元できれば、社員全員が幸せになる。皆を幸せにするには、これしかない。

すると山崎文栄堂は、爆発的に業績を上げはじめた。渋谷でのし上がっていき、歴史ある文房具店は、オフィス通販会社の代理店として表彰されるまでの成績を収めるようになっていった。

「営業先が現在取引している事務機器関連の会社名を調べるんだ。その取引先がうちよりシェアが高い場合は戦う必要はない。だが――」

山崎は朝のミーティングで、落ち着いた口調で、けれど力強く言い放った。

「低い場合は徹底的に戦え！」

山崎は語気を強めた。社員一同に緊張が走る。

「同じ商品で向こうが八％の割引をしていたら、こっちは一〇％値引きする！　先方に伝えろ」

ライバル企業を潰してシェアを獲得していく。それが山崎が得た企業戦略だった。とにかく足を使え、とにかく稼げ、一件でも多く営業をかけろ。

山崎文栄堂は、こうして業績を伸ばしていった。ランチェスター戦略でライバルをどんどん潰していき、シェアを獲得していく。それはまるで陣地取りのようで、山崎は軍隊式の経営方針に呑まれていった。

会社がうまくいけば社員が幸せになる。その一心で、山崎は軍隊の中で声を荒げていった。

第2章　歪む山崎文栄堂

軍隊式経営を加速させる、山崎の二つの挫折

ランチェスター戦略を手に入れ売り上げを伸ばした山崎は、さらに勝ち続け絶対的な成功を手に入れるため『三倍働いて、三倍幸せになる』ことを、社員に強いるようになった。この背景には、山崎の過去に起こった二つの挫折があった。

山崎は優秀な学生だった。高校は偏差値七〇を誇る名門校で、東京大学合格者が四十人を超える年もあったほどだ。そんな名門校でソフトテニス部の主将を任されるなど、山崎の学生生活は順風満帆だった。そしてそれは、その後の豊かな人生も容易に想像できたはずだった。しかし……。

「なんてことをしてくれたんだ」

カチ、カチ、カチと規則正しく鳴り響く時計の秒針が、やけに耳に残った。

山崎と担任教師の二人が、職員室で向き合っている。他には誰もいない。

左右対称に並んだデスクにはそれぞれ特徴があり、整理整頓されているデスクもあれば、授業に使われたプリントが山のように積まれているデスクもある。

グラウンドからは野球部の威勢の良い掛け声がきこえてくるし、テニス部のボールを弾く音もきこえてくる。

変わらない日常がすぐそこにあるのに、ここだけが異空間のように感じられた。時間の進み方が違うのではないかとさえ、思うほどだった。

小さな溜息と同時に、腕組みをほどいた教師が言った。

「お前だけだぞ」

山崎は教師の目を見つめた。

「うちの学校で受験に失敗したのは、お前だけだ」

教師は困った表情を浮かべながら、もう一度言った。

何を言われているのかはわかっていた。わかっていたし状況も理解していた。もう変えることのできない事実の前に、山崎はただ謝るしかなかった。

静岡での修行を終え東京に戻る決心をする

「もうしわけございません……。すみません」

(自分は能力のない負け犬だ)

失敗者の烙印を押されたように感じた山崎は、ひどく傷付いた。そして「能力のないものは、これから普通の人の三倍努力しなければいけない」という信念が強く強く植え付けられた。

この挫折から山崎は大学進学を諦め、ひっそりと東京を離れる。心が折れた山崎はそれ以上頑張ることができなかったのだ。そして静岡のメーカーに就職した。三年間をこのメーカーで過ごし、その後の三年間を文具業界のコピー販売会社で過ごした。


そして二十六歳になった山崎は、山崎文栄堂を継ぐべく東京へ戻った。しっかりと他のメーカーで修業を積んできた山崎は、山崎文栄堂の社長に就任する。しかし経営はあまりうまくいってはいなかった。

山崎が社長に就任して間もなく、山崎文栄堂が不渡りを出す寸前の状況に陥る。このままでは会社が倒産してしまう。代々続いてきたこの会社がなくなってしまう。自分の代で。それは山崎にとって恐怖でしかなかった。そしてなぜか、大学受験で失敗したときのあのときの傷口が、じゅくじゅくと膿を持って疼きだしているのがわかった。

同じ思いはしたくない。

山崎は手あたり次第、金融機関に駆け込み、融資を受けるべく事情を説明して回った。

「弊社に融資していただけないでしょうか」

死に物狂いで、金融機関に飛び込んでは叫んだ。

「すみません、お願いします！」

ここで負けたらおしまいだ。なんとしても潰してはならない。

「その融資はいつまでに必要ですか」

担当者の問いかけに、山崎は前のめりになって答えた。

「今すぐ、今すぐお願いします！」

けれど、これまで取引したことのない会社に突然融資してくれる銀行もなく、ただただ時間だけが過ぎていった。

今すぐなんて、と鼻で笑われることもあった。

最初から話すらきいてくれないところもあった。

今日の三時になって銀行が閉まったら……、そうなれば山崎文栄堂は終わりだ。

背筋がひんやり冷たくなった。

「お願いします！」

時間ギリギリで飛び込んだ最後の銀行で、山崎は覚悟を決めていた。それは己の人生をかけた瞬間でもあった。

「わかりました」

山崎は思わず担当者の顔を見つめた。

「本来なら取引もない相手に、今すぐ融資なんて無理でしょう。けれど山崎さんのそのお姿を見たら……。だいぶ銀行を回られたのでは」

真っ青な顔に浮かぶ脂汗。

よれたジャケットに、裾に跳ねた泥水の跡。

必死さを体現したかのような山崎の姿に、はじめて会った銀行の担当者は情けをかけてくれたのかもしれない。

けれどその山崎の必死さが会社を救ったのは、紛れもない事実であった。

当時の社屋。この小さな文具店から戦いがはじまった

山崎にとってこの日は、人生で一番時間が長く感じた一日となった。

山崎は人の三倍動くことで、会社を救うことができたのだと確信した。できないからこそできるようになるには、人の三倍努力すること、人の三倍働くこと。絶対に会社を潰さない、という強い意志によって事態を好転できたことが、山崎にとっては力となった。能力ではない、努力によって成功することができるのだと。

軋む社員の心と体

「三倍働いて、三倍幸せになる」という山崎の方針の下、毎日一万歩以上歩き一〇〇社以上を訪問し契約を取ってくる。部外者からは、山崎文栄堂の社員は活発に元気に行動しているように見えたであろう。

しかし、この山崎のやり方は、社員の心と体を確実に蝕んでいた。

ある女性社員は、山崎が席に近づくだけで体が固まった。それはほとんど、反射的なものだった。これは単なる緊張感なのだと、彼女は思おうとした。けれど次第に誤魔化せなくなってくる。そしてとうとう、出勤しようといつもの電車に乗っていたとき、急な吐き気に襲われた。それは単なる体調不良などではなかった。

ある男性社員は、仕事をしていると必ず肺が痛くなった。胸が苦しい、呼吸ができない。ゆっくり呼吸をし、全身に酸素が回るよう落ち着かせた。それはまるで走り疲れたランナーのようだった。

もう走れない。これ以上走り続けることは、できない。

皆が疲れていた。まさに『元気』に疲れていた。

山崎は、二言目には社員の幸せのためだと言って、業績を上げるよう叱咤激励した。業績だけがすべてなのか、そう疑問を持つ社員は少なくなかった。今の仕事は、決して褒められるものではない。困っているライバルを潰し、息の根を止める。そうして契約を取るこの仕事は、果たして誇りを持てるものなのか。

互いに良いと思って契約を結ぶ、そうだったら感謝をされることも多いだろう。けれど

言いようのない不安感が社内に充満する

うだろう。強引な契約、とにかく判子を押させることをやっているものだから、お客様から感謝などされていないではないか。

山崎の言う『三倍努力しろ。三倍働けば業績は上がる。それは皆の幸せとなって返ってくる』という言葉は、確かにその通りではあった。会社の業績は上がり、その分、社員の給料も上がった。

けれど、それだけじゃないのではないか。

未来が見えない。

希望がない。

自分は認められていない。

言いようのない不安感から、豊かさからほど遠い環境から、窮屈な人間関係から、とにかくここから、逃げたい。逃げ出したい。

今は幸せか？　良い仕事はできているのか？

ここから、これから、何ができる？

これ以上は無理だ。もう、やり尽くした。

そんな心の声が、社員たちの中に充満し、溢れはじめていた。

辞職の嵐、山崎の苦悩

「おっ、契約でも取れたのか」

ある日の夕方のミーティング前、動きが止まっていた社員に近づき、山崎は雑談のつもりで声をかけた。その社員の口角が上がっているのを見てとれたからだ。

「……契約、ですか」

しかしその社員が振り向くと、山崎は一瞬だけ怯んだ。微笑んでいると思っていた口元は、苦痛に耐えるようにぐにゃりと歪んでいたからだ。その社員は口元を歪ませたままうつむき、山崎の目を見ようともしない。

「なんだ。今日もだめだったのか」

山崎は怯んだことを悟られないよう、軽快に話したつもりだった。

「辞めようと」

しかし、全く予想していなかった言葉がきこえてくる。

「辞めようと、思います」

「なに言ってんだよ。冗談はやめとけ」

山崎はうつむく社員の肩を軽く叩くと、その社員は前へつんのめるようにして倒れた。

「大げさなんだよ。ほら、ミーティングをはじめる。各自歩数計を持って集まれ」

けれど社員たちの動きは鈍い。皆が疲れを纏っていて、足を引きずるようだ。

(なんだ。この空気は)

「早くしろ!」

業績は確かに上がってきている。利益だって以前とは比べものにならないくらい出ているはずだ。

口元を歪めたままの社員が、その場で立ち尽くしていた。

「集まるんだよ、早くしろ!」

それでも動く気配のない社員の背中を見つめながら、山崎は茫然としていた。いつからこうなってしまったのだろう、と。

皆で幸せになるんじゃなかったのか。

「もういい、お前はそこに突っ立ってろ！　じゃあ始める。端から今日の成績を発表していけ」

皆が一様に濁った目線を山崎に向けながら、ぼそぼそと発表をしていく。

(違う。こんなんじゃない)

「もっと声出せ！」

山崎が社員を鼓舞すればするほど、社員たちが遠ざかっていく。

声を出せと言えば言うほど、社員たちは声が出なくなっていく。

山崎の理想と想いが、自分の力ではどうすることもできないほど遠くに行ってしまっているのを、感じざるを得なかった。

(どうしてこんな風になってしまったんだろう)

山崎はいつものように社員に檄を飛ばしながら、今生じている矛盾に、歯がゆさに、ただただ嘆くほかなかった。

次の日、山崎が出社すると一人の社員がおもむろに山崎に近づいてきた。昨日、茫然と立ち尽くしていた社員だった。

その社員はすっと手を差し出すと、山崎の手に一通の封筒を渡した。

「おい、なんだこれは」

山崎の問いかけには答えず、社員はそのまま山崎に背を向け歩き出した。封筒の表には『辞表』と書かれていた……。

山崎文栄堂の売り上げが急激に伸びはじめてから、こんな状況が続いていた。正確には、売り上げが伸びるにつれ、状況は、より悪い方向に進んだ。

二〇一〇年、山崎文栄堂の離職率は八〇％にまで悪化したのである。

会社の売り上げは伸び、社員の給料はどんどん上がっている。山崎が取り入れたルールや制度も、社会で評価されている。それなのに、こんなにも離職者が後を絶たない。

「俺のやっていることに間違いはないはずだ。なのに、なぜだ。なぜ、皆、辞めていくんだ。誰か教えてくれ！」

机や椅子に蹴りを入れたい気持ちを抑えながら、山崎は社長室で叫んだ。

第3章　仲村恵子との出会い

山崎の決断

「仲村恵子さんの話をきいてみれば？」

苦難の日々を送る山崎に、ひょんな提案が舞い込んだ。

「仲村恵子って、あの仲村恵子でしょ？」

山崎の表情が、訝しいものを見るそれに変わる。数ヶ月前、一度会ったことのある彼女には、少し苦い経験があった。

山崎は、部下数人と東京青山にあるホテルのパーティ会場にきていた。取引先から招待されたパーティで、出席者はゆうに一〇〇人を超えている。慣れた感じで、取引先に挨拶に回る山崎であったが、一つ、気にかかっていることがあった。

それは、出席者リストの中に、ワールドユーアカデミーという経営者勉強会の代表である仲村恵子の名前があったことである。

この経営者勉強会は『心のこと』を扱う経営術を教えているとのことであった。「心のことなどという抽象的なことを勉強して何か意味あるのだろうか。人の気持ちやマインドの勉強をしても売り上げは伸びない」そう思っていた。

数字と効率を追求する今の山崎とは対極にあり、全く理解できない未知の会である。山崎が信仰する現代経営科学に反旗を翻す魔女のように感じ、軽い恐怖も感じていた。

(面倒だから、できれば会いたくない。参加者は一〇〇人以上いるので、おそらく大丈夫だとは思うが……)

そんなことを考えていた山崎の背後から、女性の声がきこえた。

「はじめまして。山崎登さんですよね?」

(まさかっ)

振り向いて、女性の首にかかっている名札を確認する山崎。そこには『仲村恵子』と書かれていた。

「山崎さんのお噂は、ときどき伺っていますよ」

目が合った。

（ううっ）

最近では感じたことのない動揺が山崎の心に走った。そして、こんな言葉が口から出た。

「女性で経営者されているそうですが、それって、どういうことですか！　ちゃんとやってるんですか！」

なぜか大いに焦った山崎の口から、支離滅裂な言葉が流れ出た。

「？？？」

仲村恵子は、不思議そうに山崎の顔を覗き込んできた。山崎は、額や手の平から脂汗が流れ出てくるのを感じた。

「失礼しました。では」

山崎は、足早にその場を立ち去った。

（一体、なんなんだ、この感覚は。まるで、何もかも見透かされているようだ……）

なぜ初対面の女性に、自分がこれだけ動揺するのか理解できなかった。

これが後に、運命を大きく変える導きの出会いになることに、このときの山崎はもちろん気づいていなかった。

「あれこれ手を尽くしたけど、八方塞がりなんでしょ？」

回想から引き戻される山崎。

「仲村恵子さんの研修会に参加してみれば？」

確かにそうだった。今の経営スタイルをズルズルと継続するのが良くないことは、自分が一番感じている。だからといって、どう変化したら良いか、策は一切ない。八方塞がりの状態だ。

仲村恵子に会うのには抵抗があるが、もし先日感じたすべてを見透かされている感覚が正しかったとしたら、この状況を改善する方向や方法が見えている可能性も、もしかしたら、あるかもしれない。

(研修会に参加して、何も得るものがなければ、今のやり方がベストだということもはっきりする。特にリスクはない。なんなら、逆に、こっちが論破してしまってもよい、いや論破してやろう)

そんな妙なモチベーションから参加を決意する山崎であった。

〔仲村恵子の所見〕経営者勉強会

経営者勉強会の代表である私、仲村恵子は過去、会社経営者として新聞のテレビ欄のように予定をびっしり埋め混んで、必死に働き業績を伸ばし続けていた。

だが、いくらお金を稼いでも、幸せになることはなかった。毎日忙しいラットレースのような日々が続くのだから。いくら努力してもそこに本当の幸せがないことを悟り、すべてを捨てた。

そして、皆が幸せな成功者として生きられる真理を見つけるため、世界中冒険をしてメンターを探し求めた。

数々の考え方、経験に触れていく中で、今の日本人が真の幸福を手に入れるためには、人間についてもっと勉強する必要があることを痛感した。なぜ人は同じことを繰り返すのか？　何のために生きるのか？　影響力とはどのように培われるのだろうか？　そもそも幸せに生きるとは？　など……。

そして、皆が本当の幸せを手に入れることができる新しい会社経営スタイルを広め、経営や人間関係で苦しんでいる企業を救うために、当時は主流ではなかった『考え方』、心のことや『志』にめざめる、経営者勉強会を立ち上げたのであった。

学びの第1ステップは自分の考え方をシフトする。

自分が優先する価値観や、行動に繋がる考え方を理解しなければ、いくら表面上の能力や知識、行動を変えても努力が報われず永遠に苦しむことになる。時代は大きく変化した。二十世紀の考え方は全く役に立たない。

例えば売り上げを伸ばせば幸せになると思い、有名になり店舗数を増やせば成功すると思い、あらゆる行動の果てが、数字に囚われる檻の中に自分を閉じ込めるなら、何かが違うはずである。

その無意識的に機械的に繰り返す行動の結果が、自分の望むものでないのであれば根本的な考え方について学ばなければ、永遠のラットレースから抜け出すことができない。

また人は自分一人で幸せになるわけではない。何のために生まれてきたのか？　の答えは善き仲間と出逢うためと言えるかもしれない。誰もわかってくれない孤独から、より大きな志に向かい魂を向上させる仲間と共に生きる人生は、喜びも幸せも何もかも何倍に膨らむ。その方法を本当に知りたいと渇望する人が、志経営の門を叩く。

当時は『心のこと』つまり人間同士の心の動きを理解し、心を通わせるコミュニケーションをとること、そしてそれを経営に生かすことは、複雑で難しいため、やるべきではないという考えが主流であった。それよりも、誰が見てもわかりやすい『数字』で、形式的に見える化を推進することが良しとされていた。そんな従来型の経営スタイルに敢えて、切り込んだのである。

立ち上げた当初は、大阪を拠点に小規模で活動をしていた。宣伝活動もしなかったが、従来の経営ノウハウで行き詰まり、心身共にぼろぼろになった中小企業の経営者が、引き寄せられるように自然と集まった。二〇一〇年頃には東京方面の会員も増えてきたため、東京での開催をはじめたところである。

そんな折、ある会員から「会社の売り上げは伸びているけれど、社員との関係が本当にめちゃくちゃな経営者がいて、今はまだ大丈夫だが、この先、会社も崩壊する気がして心配している」という相談を受けた。

それが、山崎登であった。

「まず、研修会に彼を連れてきて。そうしたら改善できるかもしれない。皆一生懸命だけど、突破口がわからないから苦しいと思う。いくら努力しても今までのやり方では同じことの繰り返しだから……。ご縁があったらいいね」

そうこの会員に話した。

この研修会は、目指す経営のあるべき姿に向かわせるための第一歩であり、『現状に行き詰まっている原因は、実は自分の考え方が大きく影響していて、自分の世界観が現在の世界を作り上げている』という気づきや可能性を感じてもらう内容になっている。

ここに参加さえしてくれたら、時間はかかるかもしれないが、必ず良い方向に向かうという自信があった。

コミュニケーションがうまくいかず悩む人は、自分と他人の考え方や捉え方に『違い』があることはわかっていても、その重要性に気づいていないケースが多い。人それぞれ『違い』はあるけれども、それが人間関係を険悪にするほど重要ではないと考えがちである。しかし、この『違い』への理解をおろそかにしてしまうと、他人への思いやりや優しさが消えてしまい、人間関係を悪化させることに繋がっていくのである。

例えば、美しい風景を目の当たりにしたとき、

「いやぁ、綺麗だな〜、感動するな、凄いよね〜」

と表に出すことによって、感じる人もいれば、

「…………」

無言でじっくり風景と向き合って、心の中で味わう人もいる。

前者にとって後者は「なんだか感情のわからない、つまらない奴」と思うだろうし、後者

にとって前者は「うるさいなぁ、静かにしてくれよ」と思うだろう。二人とも同じく感動しているのに、お互いをそう思ってしまう、これが怖い状況なのである。

また、コミュニケーションがうまくいかない場合、その原因が当人にもあるという自覚がないことも多い。コミュニケーションとは相互作用であるにも関わらず、自分のことを理解しない相手が一方的に悪いはずと多くの人が思ってしまいがちなのである。

「なんでわかってくれないんだ」

「どうして伝わらないんだ」

「お前、頭悪いんじゃないか」

なんて思ってしまいがちなケースも多い。本当は自分が『ちゃんと伝わるように伝えていない』のだが、言語の使い方が全く違うと知らないと、気づくことはできないのだ。

このことをしっかりと体系立てて学び、身に付けることが、経営者勉強会での学びの最初のステップである。

そしてこの技術的な学びは、日々の人との関わり方の幅を拡げるのに大いに役立つと共に、体験しながら積み上げてきた能力を磨いて、最終的に自分の力で考え方をシフトする『内省内観の統合ワーク』ができるようになることを目標としている。

考え方のシフトというと、死にそうになるか、倒産するか、宇宙に行くような体験でもないとなかなかできないと言われているものだが、わずか数年のトレーニングで安全にできるような方法が完成している。

どれだけコミュニケーションの能力が高くなっても、例えば「社員に気を使いたくない」とか、「努力しない部下は嫌いだ」とか心の中で思い込んでいたら、せっかく磨いた力も無意識的に使うのをやめてしまう。

よく研修には効果がないと言う人がいるが、それは、考え方をシフトしないで、知識や能力だけを身につけても、無意識的行動の変化を起こせないからなのである。

自分と他人の考え方や物事の捉え方には『違い』があること、その『違い』を受け入れ尊重することで、思いやりや優しさ、愛情が自然と生まれてくることを学ぶ。そして、コミュニケーションがうまくいっていない原因は、自分にもあることを自覚してもらうのである。

コミュニケーションは自然と身につくもので、わざわざ学ぶに値するものだと考えている人は少ない。もちろん、他人との『違い』を尊重する環境に育てば良好なコミュニケーションがとれる人間になるだろう。しかし、周りには敵しかいない環境で過ごした人は、他人とわかりあえず悩むことになるかもしれない。

わかりやすい例で言えば、両親がいつも喧嘩している家庭で育った子供は、理解しあうという感覚が乏しく育つかもしれない。厳しい親から頭ごなしの躾を受けて育った子供は、自分の考えを人に伝えるほどの価値がないと思い、大人になっても自分の意見を言うことが苦手といったことである。

つまり、自然と身についた体験による考え方の思い込み、コミュニケーション能力は、過去の環境や、今も垂れ流される偏った情報や志を語れない教育などに影響をうけ形成されたものなのである。

それを見直し、円滑なコミュニケーションがとれる技術、相手と自分の『違い』を理解しわかりあえるトレーニングを、この志経営者勉強会では行っていく。

経営者が、思いやりや愛、感謝が経営においてそんなに重要でないと思い込んでいる場合、結局自分の発した言霊の結果を引き受ける。ある意味、良くも悪くも思い通りの人生を生きることになる。体験学習を通じてトレーニングで正しく身につけていくことによって、社員や家庭の人間関係が改善され、最終的には会社の売り上げも安定して伸びていくというのが私の考えである。

第4章　経営者勉強会　研修会

磨かれる山崎

二〇一一年一月、山崎は経営者勉強会の研修会会場にいた。ごく普通の、真っ白い壁があるだけの小さな会議室。ここから、八方塞がりの現状を打破する変化が何か起こるのか、期待する気持ちはあった。

しかし、今までの自分を否定されるような不安もあり、自分の本心は見抜かれないようにという警戒心から、スタート時間の三十分前には到着したものの、中々会場に入れずトイレに籠って時間を待った、席も一番隅の目立たない場所を確保した。

研修会がはじまり、恵子さんが登場した。

(やはり、はじめて会ったときと同じだ。すべて見透かされている気がする。目が合わせられない……）

うつむきながら、話をきいている山崎。参加者が、順番にこの研修会に参加した理由、悩んでいることなどを話していく。講演会で大勢の前で話すことには慣れている山崎であったが、話す順番が近づくにつれ、緊張が明らかに高まっていった。脈拍もかなり速くなっている。他の人の話は、ほとんど耳に入ってこなかった。

ついに山崎の順番が回ってきた。

（くそっ、負けるか。俺は、ＩＴ経営企業百選二回連続最優秀企業の社長だ）

自分を鼓舞して立ち上がり、話をはじめた山崎。

潰れそうだった会社を立て直し、売り上げを三〇倍以上に増やしたこと。ＩＴツールやタクシーお迎え報告などで社員とコミュニケーションをとるだけでなく、うまくいっていない社員とは直接話をして原因を一緒に考えるようにしていること。社員のモチベーションを上げるため、感謝することをした社員には、それをサンクスカードという形にして渡し、その枚数に応じて表彰する制度をつくっていること。

文句があれば言ってみろという勢いで、山崎は話した。周りの参加者からは「さすが」という表情があった。落ち着きを取り戻しかけた山崎に、恵子さんが発言をした。

「サンクスカードって、気持ちがこもってますか？　気持ちもないのに、ありがとうの枚数を数えても、意味が違うような気がするなぁ……」

「それは、サンクスカードに意味がない、駄目だってことを言いたいんですか？　結構、多くの雑誌にも取り上げられていて、評判もいいんですけどねっ！」

山崎は必死で反論したが、手足や話す声は若干震えていた。

（なんで否定されなければいけないんだ、俺は正しいはずだ）

山崎は心の中で叫んだ。恵子さんは続ける。

「感謝することももちろん良いことだけど、それを無理やり形にして、数で競わせるというのは、本質から外れているんじゃない。今、数をこなす営業で行き詰まっているのと根本は同じかもしれないよ」

（うぐっ）

山崎が怯んだところに、さらに、

「あと、その人が感謝される人、喜ばれる人に成長するために、それまではできなかったことが出来るようになれば、心から感謝、称賛するのはわかるよ。でも、なんでもかんでも、ありがとう、ありがとうと、ありがとうの大安売りで、カードの枚数を増やすのは、いかがなものかしら。それって、相手のことじゃなくて、もしサンクスカードの達成枚数のことを、考えて行動していれば、社員を成長させる効果があるとは思えないけど」

（ううっ）

恵子さんの指摘が心に刺さり、山崎は、悶絶するような痛みを覚えた。

（なんとかやり返さなければ、負けたら終わりだ）

山崎が立ち上がり、苦しまぎれに発する。

「そんなことないでしょう。あなたは、本当にちゃんと会社経営を理解しているんですか。女性が経営者って、なんですか」

反論にもなっていないことは山崎自身も自覚していたが、何か言葉を返さなくては耐えられない状態であった。

「まあまあ。落ち着いて座ってくださいね。では、もう一つ言わせてもらいますね。ありがとうって言葉にもいろんな次元があるように思うの。最初は、自分では何もできなくて、サポートしてもらってありがたいと思って言うありがとう。これがサンクスカードを渡すタイミングだね。感謝があれば素敵なことだと思うよ。次に、自分がお役に立って喜んでもらって、ありがとうってお声をかけて頂けること、社会で成功するには、ありがとうを言うより、お役に立ってお声がけ頂けることが大事かもしれないね。次に、何にもなくても生かされていることに、ありがたいと思って生きること。感謝の反対は当たり前って思うことだから。さらに人生の中ではいろんな思い通りにならないことや試練があるけれど、すべてのことに意味があると捉えて、どんなことにも感謝しながら挑戦し、鍛えて頂けてありがとうって言えたら幸いだね。そしたら、いつでもどんな時でも幸せにいられるから」

力なく椅子に座る山崎。恵子さんは話を続ける。

「ところで……、うまくいかなかったことの原因を社員と一緒に考えていると言っていたけど、もしかしたら、こんな言い方していない？　なんで間違えた？　なんで、こんなことをした？　なんで、ちゃんとやれなかった？　なんで？　なんで？　なんで？」

山崎が、いつも社員に言っている言葉を、そのまま、恵子さんは山崎に対して言った。

(確かに、社員にこんな質問をしている。だが、うまくいかなかった原因を探るためには、必要な質問だろ。何が悪い)

冷静を保とうとする山崎の頭の中に、恵子さんの言葉が響いていた。

なんで、できなかった？

なんで、やらなかった？

なんで、なんで、なんで？

その恵子さんの言葉が、いつしか男の声に変わった。

なんで、なんで、なんで？

なんで、できなかった？

なんで、合格できなかった？

高校時代の担任教師の声だ。

その言葉とともに、ある感情が山崎の頭に突然現れた。

（自分はだめな奴だ）

自分を貶す感情であった。

（お前は、能力のない人間だ）

自分なりに精一杯やっての不合格。それだけでもショックなところに、担任教師から『無能な人間』という烙印を押されたときの感情が、久しぶりに、そして完全によみがえった。

ドン！

反射的にこの感情から逃れようとしたのか、山崎は突然、体をくねらせ、座っていた椅子から滑り落ちた。


ドン！

床に尻餅をついている山崎の目の前で、突然、男が床に倒れ込んだ。その男は、両ひざと両手を床について起き上がり、四つん這いの状態で、顔を山崎の方に向けた。目は虚ろで焦点があっていない。表情と呼べるようなものは全くなく、口元は歪んでいた。

（どこかで、見たことがある顔だ……）

山崎の脳裏に、数ヶ月前の夕方のミーティングでの出来事が浮かび上がった。

元気づけようと、山崎は肩を軽く叩いたつもりだったのに、力なく、床に倒れ込んだ社員がいた。この顔は、あのときの社員の顔であった。その社員は、次の日、辞表を出して会社を去った。

なんで、できなかった？

なんで、やらなかった？

なんで、なんで、なんで？

この社員に、山崎が質問しているシーンが、続けて現れた。

（これは……。一体、なんなんだ……）

このシーンに映し出された山崎は、明らかに『質問』をしていなかった。『詰問』であった。

毎日、毎日、その社員に『詰問』を浴びせ続ける山崎。

（入社したときは、こんな虚ろな目はしていなかった。無表情でもなかった……）

この社員の入社式での顔が浮かぶ。目ははっきりと見開かれ、希望に満ちたオーラが溢れている……。

「大丈夫?!」

椅子から落ちた山崎に駆け寄る恵子さんの声で、我に返った山崎。

(幻か……)

一瞬、安堵した山崎。だが、次の瞬間、体を震わせた。

かつて山崎に詰問した高校の教師、その前で虚ろな目をしている山崎、それと同じ目をした辞めていった社員たち、その社員を詰問した山崎の姿が、次々と襲ってきた。

社員たちにとんでもないことをしてしまったという後悔や謝罪、そのことに気がつかなかった自分への怒り、傷ついた社員の哀しみ、様々なものが入り雑じった感情が、山崎に覆い被さる。

社員の成長のため、社員の教育のため、そう信じて毎日のように繰り返していた質問は、言われている社員の立場からしたら『詰問』されている、責められている、

経営者勉強会に参加し始めた当初の
山崎（2列目左）と仲村（1列目右）

自身の存在を否定されている以外の何ものでもなかった。

そう、受験に失敗したときの山崎のように。

「うわーーっ」

この感情に耐えられず、山崎は、頭を抱えて床の上で泣き出した。

「なんてことをしてしまったんだ……。これから、俺はどうしていったらいいんだ……」

男泣きする山崎の背中を、恵子さんが優しく撫でていた。

〈仲村恵子の所見〉山崎への想い

私が彼にはじめて会ったときの第一印象は元気そうに疲れている。「元気そうに笑っているけど目の奥は冷たく寂しそうで、毎年売り上げを伸ばしていてお金は手に入れているけど、それ以外のものをすべて失っている」であった。結局、人は大切にしたものしか残らないのかもしれない。

経営者勉強会を立ち上げたのは『幸せな成功者をつくりたい』という想いからである。

これまでの昭和型経営は、売り上げの数字に拘るラットレースでいかに勝ち抜いていくかに重点が置かれすぎていて、「成功者になるためには何かを諦めるのが当たり前」とされている。経営者としての成功は稼いだお金の量であり、それ以外のものは軽視されがちであった。このため、彼のようにお金以外のもの「社員や自分の時間や健康や楽しさ」をすべて失っている、幸せでない孤独な経営者がたくさん生まれていた。

この状況を改善したかった。山崎のような経営者をサポートし、幸せな経営者に生まれ変わらせたかった。

そのために、まずはコミュニケーションの本質を学び、しっかりとした人間関係を構築し、志を立てることによって、『幸せ』と『ビジネスでの成功』がイコールとなった人生と仕事の繁栄、『幸せな会社』をつくり出せる場所として、この志経営者勉強会を立ち上げたのである。

山崎の考え方をシフトさせるための最初のステップは、自分と他人の考え方や捉え方の違いを自覚させることだと考えた。そのためにわざわざ、山崎のやってきたことを否定するような指摘をしたり、山崎が自分の社員の立場になれるような状況をつくり出したのであった。

そして、現在のうまくいかない状況の原因となっている過去の体験を探っていく。

高校時代の受験の失敗で、無能な人間の烙印を押された出来事が、社員を追い詰める口調や態度に現れたのかもしれない。

それまで他人のだめな点を厳しく指摘してきたであろう山崎は、自分のだめな点に気づく度に自分自身を激しく否定して責めて泣いた。

ここまで反応するとは予想していないほど激しかった。誰にも話せず何十年も蓋をしていた感情の重み、疲弊した魂の叫びをきく日々。

(辛いだろうけど、山ちゃんを生まれ変わらせるためだ。なんとか辞めずに学び続けてほしい)

祈るような気持ちであった。

(今までこの方法しか選択肢がなくて、辛くて寂しい気持ちを全部封印して、仕事という戦いに挑んできたんだろうなぁ)

私から見た彼は、真面目で働き者。一生懸命できることの全部に挑戦してきた凄い人だ。

しかしどれだけ勤勉に働いても自己犠牲をしても、お金以外は何も報われない現実を、見ないふりするにはもう何もかも限界にきている。すべては社員や家族の幸せのためにと信じて不安を埋めるように戦ってきた。でも誰も幸せになっていない。

自分の努力は本当に大切なものを守れていない。この自分だけが知っている真実を認めたとき、なんとも言えない苦しさと罪悪感が溢れてくるのかもしれない。

(ここでしか泣けないなら、いっぱい泣けばいいよ。涙は心を浄化してくれる。山ちゃん、全部自分のせいにしなくても良いよ。もう大丈夫、よく頑張ったね……)

心から伝えたかった。

生まれ変わろうとする山崎

恵子さんの想いが通じたのか、山崎は、反発する気持ちはありながらも、毎月の研修会に参加し、少しずつ、悩みを打ち明けるようになっていった。

「私のことを嫌っている社員がいて、会議でも物事が進まない」

時には、

「せっかく、旨いものを奢ってやったり、夜の街に繰り出したりしてご褒美をあげているのに、元気はないし、すぐに辞めていく」

その度に、恵子さんに自分のだめな部分に気づかされて、椅子から転げ落ち泣き出すのであった。

（辛い……。もう、次からは参加したくない）

研修会が終わる度にそう感じながらも、ごくわずかであるが自分の考え方が浄化されていく感覚もあり、一ヶ月後には、また研修会に参加する。山崎はこれを繰り返した。

はじめは警戒心で近寄らなかった恵子さんの存在が、いつしか山崎にとって自分を良い方向に導いてくれる『メンター』に見えるようになっていた。

しかし、山崎の考え方が少しずつ変化している状況の中でも、山崎文栄堂はこれまでの経営スタイルで売り上げを伸ばしていた。

(恵子さんの考えや指摘は凄い。私の考え方に新しい風を吹き込んでくれている。しかし、今の売り上げを下げるわけにはいかない。売り上げは必要だ。ライバルと戦い、数で勝負するこの経営スタイルを変えるのは怖い……)

それでも、今のままの会社ではだめだということ、会社を変えるヒントは、経営者勉強会と恵子さんの中にあるかもしれないという気持ちを、山崎は捨て切ることができなかった。

第5章　はじめての屋久島　内省内観ワーク

八方塞がりの山崎

「なんだ、ここは」

山崎は思わず声に出していた。単純に驚きたじろぐ。久しく忘れていた感情だった。ふと我に返り、そして反射的に大きく息を吸い込む。

山崎は今、なぜか無数の樹木に囲まれていた。それはまるで山崎の訪問を歓迎するかのように、大きく両枝を広げて聳えている。けれどまだ現状を摑めていない山崎にとっては、居心地の悪いものでしかなかった。

大きく息を吸い込んだ山崎は、情けないほどむせ込んだ。その濃密すぎる空気が山崎の身体には負担が大きく、受け付けなかったのだ。

山崎は今、屋久島にいた。

（こんなところにきて、良かったのだろうか）

助けを求めるようにしてここまで来てしまったけれど、山崎はまだ迷っていた。

「屋久島合宿に行こう！」

山崎が経営者勉強会の懇親会に、いつものように遅れて参加したとき、恵子さんが声をかけてきた。

屋久島合宿とは五日間屋久島に滞在し、大自然の中で徹底的に自分と向き合うという、経営者勉強会の研修プログラムの一つである。恵子さんが、これまで身につけた知識や経験を総動員して編み出したもので、参加者は何かしらの気づき、変化を手に入れて帰ってくるという。

山崎も興味は少なからずあり、現状が変わるなら参加したいという気持ちを持ってはいた。しかし、五日間も会社を休むというのにかなりの抵抗を感じていた山崎は、何度もこの提案を断っていた。

〔仲村恵子の所見〕問題児山崎

そんな山崎の、煮え切らない態度を見て私は

（なんで皆同じことで愚図るのかしら）

かわいい駄々っ子を見守るように感じていた……。

山崎をはじめ、多くの経営者たちは労働時間と売り上げが繋がっている。会社を休んで考え方をシフトする内省内観の研修に五日間参加することは、実働時間が減り当然数字が下がると思い込んでいる。

しかしよく考えてほしい。今のままの考え方で日々同じことを繰り返していて、今後数字が伸びるだろうか？　人生が変わるだろうか？

否、努力が無駄に終わり成果に繋がらなければ疲弊するばかりだ。

例えば離職率八〇％の会社に、どれだけの無駄な時間と経費がかかっているか客観的に想像すればわかるだろう。

辞めていく社員の採用時間とお金の無駄。だいたい一～三年以内に離職するなら、育成した時間の無駄。その社員が他企業に再就職してイメージダウンになるならそれも無駄。人の口は止められない。

さらに離職しようかどうかと考える人が、本気で仕事に打ち込めるだろうか？　働くようパトロールと賞罰制度を強化しても限界がある。社員には辞めるという切り札があるのだから辞めていく。

残っている社員は、どこに行っても同じではないかと自分をごまかしながら、日々数字を追いかけなければならない。数字のために無理な営業を仕かけることになる。その結果、即時解約、未払い、クレームの電話が鳴り響く。それに対し素早いクレーム処理対応などに時間を使うことこそが仕事であるように思い込む。九〇度に頭を下げて、「申し訳ございませんでした」の練習に余念がない。報われない思いと将来の不安、あまりにも生産性がないではないか。

もしこの無駄な時間が全部なくなれば、労働時間は現在の五〇％ですむ。そして残りの五〇％を教育や貢献活動に活用すれば、一〇〇％幸せな成功会社になることは確実である。

また山崎文栄堂はオフィス通販会社販売代理店である。それは素晴らしい会社で仕組みを持っている。しかし勝手に商品に魅力的な付加価値を付けることもできず、差別化もできない。事務用品がすぐに届いて便利というのは、今はもう特別な時代ではなくなった。競合他社と価格競争で、いよいよ苦しさが増すばかりである。仕組み上少ない利幅でどうやって新時代を戦うつもりなのか？

もし今の状態の山崎文栄堂の営業マンがオフィスを訪ねてきたら、お客さまは嬉しいだろうか？　感動するだろうか？　多分、否。早々にお引き取りを願ってネットで最安値を検索するかもしれない。

さらに時代の波は大きく変化している。ここから数年後、オフィスはリモートになり益々営業が訪れるドアは狭くなっていくだろう。今のままの戦略で山崎文栄堂に勝てる見込みはない。まさしく八方塞がりの状態なのだ。

そして私は確信していた。

私の新時代戦略なら、完全に完璧に勝てる自信がある。このために二〇年以上学んできた、準備してきた。そしてついに山崎文栄堂という最高の素質があり、鍛えれば光るダイヤの原石のチームと出逢えたのだ。コーチにとっては優秀なチームに出逢うことこそ最高の感動だ。

神様のすごい計らいのような見事なぐらい完璧な八方塞がり。昭和の戦略で戦い続け、この延長線上に未来が完全になくなり瀕死の状態。幹部全員がもって半年、辞職の準備も万端。人間関係も、会社も、自分の体も、心も、ビジネスの仕組みも今のままでは、うまくいかない、もう戦う武器がない。

山崎文栄堂の凄い強さは、やると決めれば全部素直に行動する戦うチームである。ただやり方が時代に合わなくなっただけなのだ。

そしてその泥沼の渦中にいて、最前線で戦っていれば、この苦しみのラットレースから抜ける考え方は全くわからないだろう。ここから完全に抜けだし成功する方法があると教えてくれる人がいるなんて誰が信じるだろうか？　そもそもそんな方法を本気で学び研究してきた人がいるとは知るよしもない。

地面を走る動物に、たやすく自由に空が飛べると教えるようなものだ。しかし、私にはそれができるのだ。

(昭和の考え方ではどうすることもできないお手本のようなチームと出逢えて、感謝しかない。絶対できる大成功できるぞ)

確信に近いエネルギーが湧いてきた。

(この古いモデルを完全に成功モデルにシフトできれば、沢山の企業の希望になる。よし、やるぞ)

やる気しか湧いてこなかった。

「思い切って、屋久島に一緒に行こう。必ず気づきがあるから」

「そ、そうですねえ……」

提案に、この日も煮え切らない反応をする山崎。

「あなた一人だけの問題じゃないのよ！」

言葉を強めた。

「社員全員をこれからもずっと苦しめ続けるつもりなの？　意地を張ってる場合じゃないよ」

ハッとする山崎……。

彼が、かつて時代の最先端で周りの反対の中、オフィス通販事業を直観で選び大成功したように、次なる成功の鍵はここにあるかもしれないと、彼の魂は内なる声を発しているだろう。日本が世界一、百年以上の長寿企業が多いのは、時代の変化に対応できる直観力と勤勉さのなせる技だと思う。

山崎の直観を信じる。

過去の古い知識が、頭からささやいてくる、「いやいやそんなことをしても、どうせ無理」。今までの考え方に固執するか、内なる魂の声をきくか？

山崎は昭和の善かれと思うことは全部やりつくした。他に方法がなかった。あと、あいているのは天だけだった。

「わかりました。社員のためにも屋久島いきます！」

山崎が、屋久島合宿への参加を決意したのであった。

屋久島　内省内観ワーク

こうして山崎は、屋久島合宿に参加した。今日から五日間を、屋久島という未知の場所で過ごす。

深い緑の山々が見渡せる、ホテルの研修ルーム。そこでワークが行われた。

経営者勉強会で学び、自分をある程度客観的に見られるようになり、自分の改善すべき点がおぼろげながらわかりはじめた後に行うのが、内省内観統合ワークである。

うまくいっていない状況を改善してより良い未来をつくるためには、その原因となっている過去の出来事や思い込みを特定することがまず必要となる。

それを徹底的に行うのが、恵子さんが編み出した内省内観統合ワークである。

このワークでは、うまくいっていない現実と関係して自分の中で気になっていること、誰にも言えず蓋をしていた本当の信念を見つめなおす。

そして、それはどういう気持ちから起きているのか。その気持ちを起こす原因となった過去の体験は何だったのかを探していく。

現在『思うようにうまくいっていない現実』は、現在の行動や言動により引き起こされている。その『行動や言動』は、その人の考え方や信念、ときには偏見が生み出す。『考え方や信念、偏見』は、生まれ育った過程での体験によるものである。

この内省内観には、特別な作業と技術が伴う。単に自分の過去を思い出すだけではない。ときには、全く忘れていた過去の出来事などが、まざまざと蘇ってきて、原因だったことに気づくこともある。

自分の過去と正しく向き合う、この作業を何度も繰り返していくことによって、現在の状況がつくられた原因がわかってくるのである。

最初は半信半疑だったワークだが、山崎は参加していくうちに、少しずつ自分のことを客観視できるようになっていった。この落ち着いた屋久島の空気の中で、自分のこれまでの行動を見直していくのだ。

今、職場は望ましくない結果に満ちている。でも、その結果には原因があるはずだ。天変地異や神様の悪戯で起きているわけではない。その原因は実は自分の中にある。自分の行動や言動が、それを引き起こしている。

そんな行動や言動をとる、更に深い原因は自分の体験や思い込みの中にある。自分の過去の出来事に思いを巡らせていく……。

そんなワークを、恵子さんの巧みなサポートで行った。

自分と向き合う時間すら取ってこなかったことを思い知らされ、ようやく自分というフィルターを通し、己のしてきたことを振り返りはじめた……。

たった数日の屋久島での生活が、まるで日常になっていく。山崎は不思議な感覚に陥っていた。

屋久島にいると、時間の感覚が無くなった。あれだけ分単位の時間に追われていたというのに。そんな生活をしていた山崎が、時計を見ることすらなくなっていた。

太陽が昇り、屋久島の緑が照らすその陽を浴びる。

空を見上げれば、そこには当たり前のように雲がただよい、鳥が飛んでいる。

右を見れば朽ちて土へ還る途中の樹木があり、左を向けば青々とした葉が風にそよぎ、まるで笑っているように見えた。

緑と土の呼吸を感じていると日が暮れていき、そして一日が終わる。

そしてワーク最終日、山崎は暗闇の中で、一筋の光を見つけることになる……。

連日、同じように己と向き合っていた。今までのこと、これからのこと、何より今のこと。そして見つけていったのだ、山崎は山崎自身のことを。

いかに皆に酷い言動をしてきたか。

山崎は、まるで殴られたかのような衝撃を受けた。社員一人一人の行動を正すのではなく、山崎は社員の人格を否定してきていたのだ。契約が取れないのは努力が足りないのだ、本気じゃないのだ、真面目にやっていないからだと罵倒する。とにかく自分の言う通りに動け、自分の指図通りに働けと、頭ごなしに言ってきたことに、山崎は気づいていく。

会社のために、正しいことをしているつもりだった。けれど自分とは違うタイプの人からすれば、どれだけ辛いことだったのだろう。言葉の使い方一つとっても、相手にとってはどれだけきつい言い方だったのだろうか。

そしてそこには、山崎の社長としての間違った思い込みがあったことにも気づかされていく……。

社長とは、とにかく前へ出て、強いイニシアチブで引っ張るもの。人の意見を気にするような弱気な経営者じゃやだめだ。社長とはそういうものだと、山崎は自分の価値観に縛られていた。

本当は不安で仕方がなかった。嫌われないか、終わってしまわないか、そんな不安は日に日に募っていった。

不安だからこそ、人に本音を話すことができなかった。

人の気持ちに敏感だからこそ、本音が話せなかった。

だから、がむしゃらに走り続けた。でも暗闇の中を走り続け、どこを走っているのかわからなくなっていた山崎は、そのまま一人、闇の中を彷徨っていた。

人の気持ちが気になって仕方がない。けれどそんなのに左右される社長は、弱くてだめな社長だと思い込んでいた。そんな山崎の独りよがりな考えに、社員を巻き込んでしまっていた。

山崎は、そんな自分の姿を闇の中で見つめ続けた。

不安を抱え、手探りで進んでいく己を見つめ、気づかされた。

自分は、前に出るタイプではないということに。人をサポートするのが本当の姿だということに。

山崎の人の気持ちが気になって仕方がないという性質は、それはつまり、人の心を理解し寄り添う能力に長けているということを表していた。

それに気づいていなかった山崎は、ずっと本来の自分ではないキャラを演じていたのだった。

ああ、自分の魂に嘘をついていたんだ。

嘘をつかないと、生きていけなかったんだ。

そう気づいた瞬間、暗闇の中でもがいていた自分が見えたような気がした。

本当の自分でいい。

その光から、声がきこえてきたような気がした。

演じているから、不安になる。不安にならなくていい。嫌われたっていいじゃないか。

もしそうなら、それがその人とのご縁なのだから。離れていったって、また一緒にやれる日がくるかもしれない。無理に気に入られる必要はない。それでも構わずに一緒にいてくれる人といればいい。

そうか。

見たくなかった自分を発見し、そして許したのだ。すると心が途端にフラットになった。ようやく、見失っていた自分に出会えた。ほっとし、嬉しくて、安心して、守られているような感覚に包まれていく。

山崎は思わず手を伸ばす。その光を摑みたくて、逃したくなくて、山崎は無意識のまま両腕を伸ばしていた。

本当の自分でいいのだ。

山崎はくすくすと湧き上がる笑いを堪えながら、思った。

今までなぜ、気づかなかったのだろうと。

湧き上がってくる真実の笑いは喜びであり、この喜びは、自分に気づけた証だった。

そのとき、風を感じた。

山崎は思わず周囲を見渡した。けれど窓など開いておらず、山崎の前には、優しくほほ笑む恵子さんがいるだけだ。

どこから風が吹き込んでいたのだろうと不思議に思っていると、また強く、けれど柔らかな何かが頬を撫でた。

山崎の頬を、温かなそれがゆっくりと伝っていく。

山崎の目から零れ落ちる涙であった。

山崎は自分のことを、やっと知れたような気がした。

〔仲村恵子の所見〕過去の自分・思い込み

内省内観では、徹底的に自分の内面や過去の出来事を省みる。

現在うまくいっていない結果があるなら、それを引き起こした行動がある。

その行動は、それを無意識的・機械的におこしてしまう過去の体験による記憶学習、つまり思い込みがある。

例えば、社員に優しく声をかけた方がよいと、わかっていても、厳しくしないと人は育たないと思い込んでいれば、ついつい厳しく指導してしまう。

人は、意識ではわかっていても、変えられない無意識的な行動がほとんどである。

もっと簡単な例なら、グリンピースが苦手な経営者が、ランチでチャーハンのグリンピースを丁寧によけていた。周りから見たらおもしろいし、本人もバカバカしいとはわかっているが、嫌いなのでついつい丁寧によけている。お皿の端が緑の小山になっていく。

それがグリンピースならまだいいが、社員や家族の好き嫌いにまで及べば不幸である。意識では仲良くした方がよいとわかっていても、自動的に避けてしまうのだから。

ではいつからこの自動反応が脳にプログラミングされたのだろうか？　ある人は好きとつながり、ある人は嫌いとつながる。この思い込みは何十年もつづいていく。変える事は出来るのだか、普通はその方法を知らない。

だから何年も悩み、思い込みが変わる奇跡の日を待つしかない。

今までの人生を振り返って、例えばある人が苦

決意をこめて向き合った屋久島内省内観

手だと思い込んで避けていたが、実は結構いい人かもと、意味合いが変わった経験はないだろうか？　考えが変われば当然､関わり方もかわるだろう。そうすれば結果も好転していく。

過去のある体験から思い込んだならまだ仕方ないとあきらめもつくが、恐ろしいのは「メディアや教育による刷り込み」がある。ありもしないものをあると思いこみ。怖くないものを怖いと思い込む。全く効果のないものを効果のある物だと洗脳されてしまう。

人がイメージ戦略、情報戦によって言動の自由を奪われるような事は、いくらでもある。だからこそ私たちは、ある情報を真実だと思いこむ前に、考える力と違和感を覚える直観を鍛えなければならないと思う。

今こそ正しく生きるための智恵を磨く真の教育が、必要な時代だと痛感している。日本人の誇りと高い志に生きる力を復興したい。

山崎の場合、強くて先頭に立ち皆を引っ張っていくようなリーダーにならなければと思い込んでいたようだ。

本当の自分は優しくて真面目で、人に寄り添うことが大好きなとても温かみのある人だから、毎朝めざめる度に、自分ではない強いリーダーに変身する。

本当の自分らしく生きてはいけない、厳しく強いリーダーにならなければと、現実を見ないふりをして自分の心にうそをつく。強くていいんだこれが正しいんだと。

一日が終わり、家に辿りつく頃には、ヘトヘトにくたびれて本当の自分に戻り、翌日また自分とかけ離れていく日々……。

内省内観で深く自分と向き合い、優しい自分でもいいんだと気づいたことで、社員との関係は少しずつ改善に向かっていくであろう。

山崎の変化

部屋に戻り、山崎は久しぶりの安眠についた。こんなにも心地良い眠りについたのは、いつぶりだったのだろう。

けれどなぜか夜明け前、ふっと目が覚めた。山崎はそのままベランダに出て、屋久島の夜空を見上げた。頭上に降り注ぐような無限の星々を見ていると、そこに、すーっと一筋の光が流れた。

流れ星だった。

それはワークで、暗闇の中で見つけた一筋の光とよく似ていた。輝く星のような自分になろう。自分は自由に選択することができる。どう生きるかは、自分次第なのだ。

流れ星の残像を瞼の裏にしっかりと焼き付けるように、山崎はきつく目を閉じた。

屋久島での内省内観統合ワークから東京に帰ってきた次の日の朝。山崎はいつも通りの時間に家を出て、駅に向かって歩きはじめた。

あれほど重かった駅に向かう足取りは、いまだかつてないほどに軽い。まるで飛んでいるかのようであった。雲の間から差し込む太陽の光の筋が、山崎に降り注いだ。

屋久島でのワークによって、社員の立場を理解し、社員とうまくいっていなかった原因が自分にあることを理解した。そして、社員の気持ちを尊重しながら接することの大切さに気づいた。この気づきを今日から行動に移していく。社員へこれまでの贖罪と感謝の気持ちで接していくのだ。

私は変わることができた。これで、山崎文栄堂も生まれ変わる。

目を輝かせながら笑顔で働く社員の姿が山崎の脳裏に浮かんだ。本当の『おしごとたのしく』がここからはじまる。

（これだけ内面が変わったのだ。社員も私の変化にすぐに気づいてくれるはずだ）

オフィスの前に到着した山崎は無意識にジャケットの襟を正し、背筋を伸ばしていた。大きく息を吸い込み、そしてゆっくり吐き出すと、勢いよく両手で自分の頬を挟んだ。パアンと弾けるような音が響き渡る。ありきたりな方法ではあったが、自分を鼓舞するにはうってつけだった。

「よしっ」

山崎は気合を入れて、オフィスの扉を開けた。

「おはよう！」

いつもと同じ挨拶だったが、いつもとは確実に違っていた。山崎の気持ちが、今までのそれとはまるで違っていたからだ。

けれどどうだろう。誰一人として、山崎の顔を見ようとしない。むしろ山崎の存在に皆が固まり、そして避けるようにしてその場から離れるのだ。

それはつまり、今まで通りの風景だった。

山崎は狼狽えつつも、それはそうだろうと理解もしていた。それだけ社員を追い詰めていたことを、改めて痛感する。

ならばこれから変えていけばいい。

山崎を見るなり踵を返した社員の背中を見つめ、胸に誓う。

「おっ、頑張ってるか」

山崎はコミュニケーションのつもりで、一人の社員に声を掛けた。

「あ、いや、あの、はい……。はい、もっと、頑張ります……」

その社員には、その言葉自体がプレッシャーとなってしまったようであった。涙目になり、立ち尽くしている。

山崎一人が変わったところで、社内の雰囲気が変わるはずなどなかったのだ。


どうすれば会社全体が変わっていくのか。社長室で一人、山崎は頭を抱えた。

屋久島での気づきを経て変わった山崎だったが、今後どうしたら良いのかわからないのもまた事実だった。何をしたら良いのか考えても考えても、何も案が浮かばない。

「まず幹部と同志になることが大切だよ」

そんなとき、恵子さんからのアドバイスをふと思い出した。

山崎はすぐに幹部である若狭を呼び出した。

今までしてこなかった「相談」である。相談とは相手を頼ること、弱さを見せることだと、山崎は思っていた。だからこうして人に相談できるようになったということは、山崎の成長

山崎文栄堂、奇跡の冒険がこの２人からはじまる

を表していた。

朝からの呼び出しに仏頂面の若狭に向かって、

「私が間違っていた」

開口一番、山崎は頭を下げた。

若狭は驚き、目を見開いていた。

「頼む。力を貸してくれ」

山崎文栄堂を良くするには、まずは若狭との関係を良好にする必要があった。彼と共に、会社を牽引していかなければならないのだ。そのことに気づいた山崎は、若狭に力になってくれるよう頼んだ。

ここから、山崎文栄堂に様々な変化が起きはじめる。

「社長と幹部が同志になる変化」「社員がワンチームになる変化」「他力の風が吹く変化」

……。

そして、山崎が「幸せな経営者」となり、八方塞がりで瀕死の状態であった山崎文栄堂が生まれ変わっていく物語が、いよいよここからはじまる。

STEP 2 社長と幹部が魂の同志になる

第1章　若狭謙治　山崎文栄堂に入社

山崎との出会い

「知識は愛であり光であり、未来を見通す力（ビジョン）なのだ」

ヘレンケラー物語に登場するサリバン先生の名言を読む母の姿、午後の柔らかい日差しが注ぐリビング、白いカーテンが風に揺れている。

「私はこの物語とこの名言がきっかけで、勉強して人の役に立つ仕事をしたいと思ったの。そして、今の保健師という仕事を選んだのよ。あなたも、いつまでも謙虚に学び続けて、人の役に立って喜ばれる人になって欲しい」

どこか遠くから響くように、母の言葉が続く。若狭謙治、四歳のときのことである。

将来の大きな基盤になった幼少期

若狭は、大阪府堺市で公務員の両親のもとに生まれた。

一つ上の姉と四人での暮らしである。学校が終わると姉と自宅に帰る。しばらくすると、近くの役所に勤めている父が帰ってきて、部屋の掃除をする。その後母が帰宅し、皆で一緒に晩御飯を食べる。特に不自由はなく、幸せで安定した生活を送っていた。

しかし、若狭は公務員の両親に何か物足りない感覚を感じていた。

(固定給をもらう安定した生活も良いが、自分で起業して様々な経験や苦労もしながら学び続けて、人の役に立ち続けたい)

母の言葉「いつまでも謙虚に学び続けて、人の役に立ってほしい」が、心の中にはいつもあり、若狭は、小学生の頃から、そんな将来をおぼろげながら思い浮かべていた。

大学卒業後、就職した外資系ベンチャーの人材派遣会社で、新規開拓のノウハウを学んだ。その経験を生かし、新たな就職先に選んだのが山崎文栄堂だった。

当時若狭は再就職の活動をするにあたり、一つだけ決めていたことがあった。それは、『絶対に社長に会う』ということだった。

どんなに一生懸命仕事をしても、社長が社会的信用を失うと、社員の責任に関係なく企業は傾いてしまう。それは最初の就職先で、社長の不祥事によって起きた事件から学んだことだった。自分の責任ではないのに謝罪する日々。それも仕事だと言ってしまえば仕方がない。けれど若狭は、不祥事を起こした社長に尊敬の念が持てないのに、社長のために謝罪するということが苦痛で仕方がなかった。

誰の舵のもと船に乗るのか。それこそが何より大切なのだと、若狭は実感していた。

「私に求める能力はなんですか」

面接の度、若狭は社長にきいた。

「やっぱりリーダーシップだよ。これからの時代を切り開くリーダーシップだ」

「柔軟性かな」

「会社のために動ける人材だ」

各経営者のトップの言葉には重みがあり、納得はさせられた。けれど若狭の心を揺さぶる回答は、何一つ得られなかった。

若狭には、将来起業するという目標があった。

若狭の両親のように公務員で安定した固定給をもらう生活も良いが、「自分の力が確かめられるような仕事がしたい」そう思った。ベンチャー企業に夢を抱いた若狭は、セールスの勉強はできたが、将来的に起業するためにはもう一社ほど勉強がしたいと考えた。何より、経営の知識が乏しかったからだ。他で経営を学びたい、そう思った若狭は、再就職することにしたのだった。

そんな中、若狭がウェブサイトを見ていると、ある文具店の人材募集が目に留まった。

『新規事業やります、山崎登です！』

当時、まだ副社長であった山崎のアピールが目に飛び込んできたのだ。けれどそれは今にも潰れそうな文具店で、吹けば飛びそうな会社であった。

若狭には、それが魅力的に映った。こういうところは社員数も少ないし、経営に近いところで働ける。起業するための経営を学ぶには、こういう会社を求めていたのだと、若狭は直観的に思った。

その頃の山崎文栄堂は、家業の延長上に会社が存在しているような規模だった。社長であ

将来を喜々として語る山崎との出会い

る山崎の父に副社長の山崎、そして母に弟、叔父という典型的な家族経営だ。そして十名程度のパート社員。若狭の面接も、来客用のソファで行われた。

そこへ、やけに慌ただしい男がやってきた。

「どうもどうも、はじめまして、山崎登です」

まるで映像を一・五倍の早回し再生したかのような口ぶりだった。

（なんだ、この人、めちゃくちゃ元気じゃん）

それが若狭の山崎に対しての第一印象だった。

履歴書を渡しても、目を通そうとしない。山崎は履歴書をテーブルに置いたまま、山崎文栄堂のこれからについて語りだした。

「これからうちの会社、新規事業を立ち上げたいんだよね」

若狭の経歴には一切興味を示さず、一方的に話しはじめた。

「文房具も、それだけでは生き残れないからさ。だから、色々なアイデアを取り入れていきたいよね」

そう語る山崎は嬉々としていて、楽しそうだった。若狭は思わず、面接にきたことを忘れかけていた。よく喋る人だなあと感心しながら話をきいていた。

「やっぱり、時代が変わったからね。文房具店としてはピンチだよ。でも、ピンチはチャンス！」

山崎はとめどなく話し続けた。面接にきたというのに、若狭はまだ質問すらされていない。自分は興味を持たれていないかと不安に思うほど、山崎文栄堂の将来について話し続けた。不思議な人だと、思った。

「一つ質問してもいいですか」

午後も他社の面接を入れていた若狭は、一方的に話し続ける山崎の言葉に被せるようにして、質問をした。

「僕に求める能力とは何ですか」

それは若狭が、企業の社長に対してしてきた質問だった。さっきまで饒舌に話していた山崎はすっと目を閉じ、そしてしばらく考え込んだ。途端に部屋は、静寂に包まれた。

「能力は、特にないかな。考え方が合えば、やれるよ」

若狭は少し驚いて、パワー溢れる山崎の顔をしばし見つめた。今まできいてきた経営者たちとは違う返答に、戸惑いを隠せなかった。けれど若狭の心は、妙にすっきりとしていた。

若狭は、次の就職先を山崎文栄堂に決めた。数々の内定をもらっていたが、山崎文栄堂に決めた理由は、経営者になるための修行ができるし、何より面白そうだったから。それだけの理由だったが、若狭を動かすには十分な理由だった。

「うわっ。メールが喋っている」

若狭が山崎文栄堂へ入社を決めたことを山崎へ伝えたメールの返信は、完全な口語体であった。

「ありがとーー。これから新しい時代を一緒に切り拓いていこうねっ」

こうして二〇〇二年、若狭謙治の新たな挑戦がはじまる。そして、家族経営で朝礼もなければ売り上げ報告といった組織を回していく仕組みもほとんどなかった山崎文栄堂も、若狭が入社したことで、企業としても大きく変わりはじめたのであった。

山崎との楽しかった毎日

「おはようございます」

二〇〇二年九月一日。若狭謙治の山崎文栄堂初出勤の日である。出社時間の一時間以上前に着いた若狭は、まだ誰もいないかもしれないと思いながら、オフィスのドアを開けた。

「おはよう！　いいところにきてくれたよ。この資料をファイルに綴じてほしいんだ」

書類の山に埋もれそうになりながら、山崎が言う。

「わ、わかりました」

その日は、山崎文栄堂の記念すべき第一回目の経営計画発表会当日であった。経営計画発表会は、山崎文栄堂の未来を発表する会で、一年の中で最も大事な社内行事でもある。

慌てて資料をファイルに綴じはじめる若狭に、山崎が話しかける。

「さっき資料が完成してさ。発表会に間に合わない、どうしようって思っていたところなんだよ。めちゃくちゃ助かる」

山崎は、その発表資料を先ほどまで徹夜でつくっていたようであった。

「お安い御用ですよ」

（いきなりの洗礼だな。普通じゃ、なかなか味わえない体験だ。面白い）

若狭は笑顔で答えた。

「なんとか終わったね。ありがとう」

発表会は無事に終了した。

「新規事業、頑張りますよ」

発表会が終わり、そこで語られた新規事業への試みに答える若狭に、山崎が事もなげに言った。

「売り上げを一〇〇億円にしたいんだよ」

「一〇〇億……ですか？　今の売り上げは一億円にも満たないですよ」

若狭と山崎は、当時「バラック」と呼ばれていた、本社屋の横に建てられた、少しだけオシャレなプレハブにいた。広さ八畳ほどの部屋、暖色系のダウンライト。そこに机をはさんで向かい合う二人。

「これからは、インターネットというものが普及して大きく時代が変わる」

「アイドルの写真とか記事とか、なんでもインターネットを介して売れるんだよ」

若狭にはよく理解できなかったが、山崎は、新規事業のネタになりそうなことをどんどん話してきた。

この日から、どんな新規事業をはじめるか、どうやって会社を大きくしていくか、このバラッ

寝る間も惜しんで未来を語り合う日々

クで、二人は毎日、日付が変わるまで語りあった。

「社員が足りない……」

売り上げ一〇〇億円を目指し、新規事業の立ち上げを考えていた若狭は、ある日、バラックで一人、昼食を食べながら頭を悩ませていた。

山崎と毎日語り合い、新規事業の内容は概ね決まった。飲食店の広告ポップや看板つくりを請け負い、売り上げアップの手伝いをするという事業である。しかし、これを進めるのに大きな障害があった。山崎文栄堂は家族経営であり、正社員はほとんどおらず、新規事業に関わることができる社員も山崎と若狭の二人しかいないも同然であったのである。

「お疲れさん！」

山崎がタイミングよく、入ってきた。

「社員か、せめてパートさんを雇いましょう。事業を拡大させるためには、どうしてもあと数人は人員が必要です」

若狭は山崎に提案した。すると山崎は言った。

「よし、大卒の学生を採用しよう」

「えっ？」

「せっかくだから、派手にやろう。最近は、大卒採用募集もインターネットで簡単にできるみたいだし」

「わかりました。や、やってみますか」

戸惑い気味の若狭に、山崎はたたみ掛けてくる。

「よし。説明会の会場を見に行こう」

「今からですか？　わかりました……」

(やれやれ。いきなり大卒採用か。いつもながら、びっくりさせられる。この小さい文具店に興味を持つ学生がいるとも思えないが)

不安で一杯な若狭であったが、意気揚々と歩いている山崎の後ろ姿を見て、自然と笑顔になっている自分に気づいた。

（これも学びだ。この人は、いつも新しく驚きの学びを持ってきてくれるな）

「でっかい会場、確保しますか」

山崎に大声で呼びかける若狭であった。


「会場、決めちゃったね。あとは、参加者を集めるだけだ」

テンションが上がっている山崎。若狭は冗談めかして質問する。

「もし二、三人しかこなかったら、結構まずくないですか？」

「それは、かなり、まずいねっ」

就職説明会に選んだ会場は、渋谷の中心部に近い、百人は収容できる大きな会場であった。当然、それなりの費用が発生する。

もし、冗談が現実となり、数人しか人が集まらなかったとしたら、大卒を採用して会社の拡大を進めること自体をやめる事態にもなりかねない。

（とにかく、やれるだけのことをやってみるしかない。これも学びだ。普通の会社では、こんな経験はなかなかできない。山崎文栄堂に入社した甲斐があった）

若狭は前に進む決意をした。

説明会の会場を予約した後、若狭は募集方法を色々と調べあげた。その中で、多くの人を集められる可能性があり、進化しようとしている山崎文栄堂のイメージにぴったりきたのが『インターネット就職活動サイトへの掲載』であった。

就職活動サイトは、まだ運用を開始したばかりであり、どのくらいの学生が登録するのか、登録した学生たちがどの程度このサイトを使用するのか、正直未知数な部分は多かった。

しかし、それに挑戦する姿勢が、若狭にはとても格好よく感じた。

「それは面白いね。めちゃくちゃ夢のある文章を書いて、学生を集めよう！」

若狭の考えに、山崎も賛同してくれた。

「募集の文章、こんな感じでどうですか？」

若狭は、山崎に、書き上げたばかりの就職活動サイトに掲載する文章をみせた。

「なかなか良いと思うけど、なんかもうちょっとインパクト出したいね。ここ、こうしたらどうだろう」

ノリノリで、文章を直し出す山崎に、若狭も自分の考えを話す。

「それは面白いですね。でも誇張し過ぎてもまずいんで、こんな感じにしたらどうですか？」

「なるほど、いいね、いいね。じゃあ、ここもこうするか」

話は様々な方向に展開しながら、延々と続く。

「それは、違うでしょ」

「そんなことないと思いますけど」

ときには喧嘩ごしになることもありながら、二人は募集の文章をつくりあげていった。


それから数日後、若狭はパソコンの前で合掌をしていた。山崎文栄堂の新卒採用募集が、就職活動サイトに掲載されている日であった。資料請求や説明会の問い合わせが、どのくらいきているのか。もし、ほとんどない状態であると、別の募集方法を考えなければならない。

(資料請求、なんとかきていてくれ)

若狭は、祈りながら就職活動サイトの山崎文栄堂マイページを開き、固まった。

「どうしたんだ?」

山崎の声で若狭は我に返った。

「それが……」

若狭はパソコンを指差し、山崎に画面を見るように促した。

「うぉおっ」

山崎が叫んだ。パソコンには、資料請求のメールが次々と入り続けていた。

ガッツポーズをとる山崎を見て、ようやく若狭も実感が湧き、続けてガッツポーズをとった。

こうして説明会の参加者予約者は、なんと八十人以上となった。定員百人の会場に八十人以上と、ほぼ満席に近い状態である。

（これで、採用活動も頓挫せずに進められるはずだ）

若狭は、ほっと胸を撫で下ろした。


「本当に八十人もきてくれるのかなあ」

冗談ぽく呟く山崎に、

「そりゃきてくれるでしょう。特にキャンセルの連絡もないですし」

若狭は答える。説明会前日、段取りの確認をしながらそんな話をしていた。

実は若狭も、山崎と同じ漠然とした不安を持っていた。何しろ、山崎文栄堂は家族経営に近い文具店である。予約だけしてこない人や忘れている人は結構いるかもしれない……。

説明会当日、準備を一時間前に完了させた若狭は、どうしても外せない予定が入っていたため外出した。

内心、ずっと会場にいたい気持ちであったが仕方がなかった。

予定をすませて会場に戻った若狭。急いで会場の中を覗こうとドアに近づいたとき、

「パチパチパチ」

大勢の拍手がきこえた。そして、ドアが開き山崎が会場から出てきた。ちょうど、社長の

学生たちで埋め尽くされた会場

挨拶が終わる時間であった。

満面の笑みで会場から出てきた山崎の背後には、百の席がほぼ埋まった会場がみえた。

ドアが閉まった後、若狭は山崎に駆け寄った。

「やりましたね、ほぼ満席ですね」

「ああ。この広い会場が満席とは、夢のようだよ」

二人は、がっちりと固く握手をした。

（山崎のおかげでまた一つ新しい学びと経験ができた。これで社員も増える。事業を拡大して会社を大きくするぞ）

こうして、新規事業が立ち上がった。

若狭と山崎は、朝から夜まで営業活動、その後、毎晩三時頃までメール対応、土日は研修会と目まぐるしく動き回った。

その甲斐もあり、立ち上げ一年ほどで黒字化となる。

社員の採用から、事業戦略の立案、実行までをすべて経験できる。そして、山崎の発想やパワーにも刺激を受ける。そんな学びの連続を若狭は楽しんでいた。

(山崎文栄堂を選んで良かった)

若狭は心からそう思った。

事業拡大に邁進する山崎と若狭

「すごいじゃないか、目標を遥かに上回る売り上げだね。よし。一緒にもっともっと売り上げを伸ばしていこう、そして、社員皆を幸せにしよう。そのために、経営コンサルタントと契約を結ぶことにしたから、一緒に経営術も学んでいこう」

山崎が若狭に向かって笑顔で言う。若狭は、オフィス通販事業の新規営業責任者となり、営業成績をぐんぐん上げ事業部の中でも頭角を現していた。

「わかりました。売り上げがさらに伸びる仕組みをつくっていきます」

最新と言われている経営術を学び、会社を拡大する仕組みをつくる、まさに若狭が望んで

営業の仕組化に没頭し、営業成績は瞬く間に伸びていった

いた仕事が目の前に現れたのである。

山崎は、経営計画、資金運用計画などの作成手法を身につけたり、飲めなかった酒も飲めるようになり経営者たちとの繋がりもつくった。

若狭もコンサルタントの指導に従い、社員個々に売り上げ目標を持たせ、その達成度で評価する成果主義・合理主義を徹底させるなどして、売り上げを伸ばす。

売り上げ拡大戦略としてランチェスター戦略を取り入れ、渋谷地域の会社をしらみつぶしに訪問営業させた。

「今日から新規キャンペーンを打ち出す」

山崎が打ち出したキャッチフレーズ『おしごとたのしく』に沿い、若狭は、社員の奮起を促すために様々な社内用キャンペーンも打ち出した。

新規契約を何件達成したら焼肉、何件達成したら豪華景品など、わかりやすく報酬を出した。また、それらのキャンペーンをバラエティ番組のタイトルをもじった面白い名前にしたり、人気コミックのキャラクターの顔の部分を山崎や若狭の写真に変えた社内ポスターを制作するなど、様々な趣向を凝らした。

例えば、渋谷地域をしらみつぶしに営業に回る強化期間を「渋谷の果てまで行ってQ」と銘打ったり、春の顧客向けキャンペーン名を「山崎、春のファン祭り」としたりである。

若狭は、営業社員に継続的に成績を上げさせるため、そして、会社を成長させるため、どのように社員を使ったらいいのか、様々なアイデアを考え実行した。

(やはり、売り上げという数字を基準にすると、目標設定とその目標を達成できたかという結果が明確になって、わかりやすいな)

若狭は、前職が外資系の会社であったこともあり、売り上げという数字に拘るやり方に慣れていた。そして、会社を大きくして社員を幸せにするには、とても良い方法だと思った。

(これを続けていけば、さらに売り上げが伸びる。そして、会社も大きくなって、社員の給料も上がる。山崎と一緒に、さらにガンガンやっていくぞ)

明るい未来を思い浮かべた若狭であった。

しかし、あまり時を経ずして、暗雲が立ち込めてくるのであった。

一年後……。

第2章　若狭謙治　ワッカーサーと呼ばれる

山崎の変化、困惑する若狭

「社員教育に投資するのは、金をドブに捨てるようなものだ。この会社は、社長の私と経理とパート数人だけで運営したら経常利益が何億と出る、ピカピカな会社だ」

ある日の朝会、社長室に集まった全社員の前で山崎が発した言葉である。まるで「お前たち正社員はお荷物だ」と言わんばかりの冷たさを若狭は感じた。他の社員たちも一言も声を発せず、うつむいていた。

(おかしい、なぜなんだ)

新規事業の仕事などを通して、山崎と一緒に会社を大きくしていくことを一つの目標とした若狭であったが、山崎の言動に違和感を感じることが、最近少しずつ増えてきていた。

朝会が終わり、社員が社長室から立ち去った後、若狭は、たまらず山崎に尋ねた。

「先ほどの発言には、どういう意図があったのですか？　まるで、我々正社員が会社の足を引っ張っているかのようにもきこえてしまいましたが……」

「ハァ……」

机に座ってパソコンを開こうとしていた山崎は、若狭の問いにも動きをとめず、溜め息をついた。そして言った。

「そんなこともわからないのか。まあいい。とにかく、社長である私の言う通りにしていればいいんだ」

「それはあまりにも……」

反対意見を言おうとした若狭は、言葉を止めた。止めざるを得なかった。それまでパソコンの画面を見ていた山崎の目が、若狭の方に向けられたからである。

山崎の目線は、暗く、鋭く、冷たかった。若狭が山崎文栄堂に入社したときの、太陽のように明るく、柔らかで温かい目線とは、全く逆の山崎がそこにいた。

「し、失礼します」

たまらず、若狭は社長室から出ようと出口の扉に向かって歩き出した。

「ちょっと待て」

山崎からの低い声に、若狭は、扉のノブに手をかけた状態で立ち止まった。

「今期の売り上げ目標、絶対達成しような。そうしたら、役員にしてやるから」

山崎のセリフは、これまで若狭が聞いた中で最も打算的に思えた。

「……」

若狭は、無言のまま社長室を出た。そして、扉を閉めた後、その場で立ち尽くした。

(自分はまるで、目の前にニンジンをぶら下げられた馬のようだ。いつから、そんな関係に変わってしまっていたのだろう)

最近の山崎は、より多くの売り上げを上げて会社大きくしたい気持ちが強くなりすぎているようであった。

このためか、若狭が入社したときの明るさや面白さといった魅力が薄れてきていることを感じてはいた。

さらに、「会社はリーダーである社長が引っ張るものである」という拘りが、非常に強いようにも見えた。

そしていつの間にか、山崎は、幹部社員ともあまり接しないようになっていた。

決まった会議、決まった打ち合わせにしか顔を出さなくなった。

幹部社員との距離もどんどんと離れ、関わり方も形式的なものになっていたのであった。

（あんなに変わってしまっていたのか……）

朝日が差し込む社長室の明るさの中に漂っていた、山崎の周りの黒いオーラを思い返しながら、廊下をとぼとぼと歩き出す若狭であった。

憤る山崎

「はあぁ」

社長室を出ていく若狭を見送ったあと、山崎は大きなため息をついた。

（若狭君ですら、私のことをわかってくれないんだな……。私は社長なのに、なぜ黙ってついてきてくれないいんだ）

山崎の頭の中に、ある経営者と話したシーンが浮かんできた。

「若狭謙治は、君の会社の社員だったよな」

その経営者から、不意にそんな言葉が飛び出した。

「はい。そうですが」

何気ない感じで答える山崎。

「彼は、なかなか良い男だな。大切にしろよ」

「ありがとうございます。私は幸せ者ですね」

山崎は笑顔で話した。しかし、その自分の笑顔が引きつっているような気がして、うつむいた。経営者は話を続ける。

「君の会社はいいなあ。あんな優秀な部下がいるんだから。羨ましいよ」

「そうですね。私の実力不足で、十分に生かしきれてないかもしれませんが」

(うっ)

謙遜しているつもりで言った自分の言葉が、その時、山崎の心をえぐった。

(最近、知り合いの経営者から、若狭君の名前がよく出るようになってきたな……)

若狭の名前が出るたびに、心の中に、様々な負の感情が入り混じった黒いものが現れるのを、山崎は感じていた。

確かに、最近の若狭の勢いは凄く、どんどん力をつけているのが山崎にもわかった。経営コンサルタントから直接指導をもらうケースも増えていて、これまでは山崎が会社のすべてを把握できていたのに、最近は、若狭のやっていることが摑めなくなっている。成績が悪ければ指摘もできるが、逆に、売り上げは伸び続けているため、何も言えない。

あるとき、接待の席で言われた「社長が若狭君に変わったら、すべてうまくいくんじゃないかね」という冗談めいた言葉も脳裏によみがえる。

別の経営者からは「彼は頭が良いから、表向きとは別のことを考えているかもしれないよ」という話もされた。

(何だかわからないが、とにかく信用できない、社長の私に従わせてやる)

いつの間にか、若狭と直接話すとき、山崎の中にこんな感情が嵐のように渦巻くようになった。

(若狭君が入社したときのような、本音で話せる関係にはもう戻れないのだろうな……。若狭も社員も皆ライバル、もしくは敵だ)

「はあ……」

再び、溜め息をつく山崎であった。

ワッカーサーと呼ばれた男

山崎の変容は実感したものの、山崎文栄堂の売り上げは順調に伸びている。社員が目標を達成するために四苦八苦していることは知っているが、それに十分見合うだけの給料は出してもらっている。自分が将来起業するためにも、社員をしっかりと管理して動かし、自分や社員が十分な収入を得て幸せになる経験・学びは必要だと、若狭は考えていた。このため、山崎からの過剰とも思える売り上げ目標設定も受け入れ、強引だと感じるような営業手法や社員の管理方法も実行していくことにした。そして、いつしか自分の感覚も麻痺していった……。

まず目標の営業成績を上げるため、若狭は、成績が伸びない原因を社員からヒアリングし、それを解決する策を打ち出していった。

営業社員が全員集まるミーティングで、一人の社員が言った。

「スーツ姿だと、営業だとばれて社内に入れてもらえません」

若狭は、数日後に、それを解決する策を打ち出す。

「今日からこれを着て営業に出るように」

そう言って若狭が用意したのはスーツではなく、ジャンパーだった。営業ではないと見せかけ、まずは社内に入り込むのだ。若狭はすぐにジャンパーを営業社員全員に配った。そして言った。

「一件でも多く契約を取ってこい！」

山崎文栄堂の社員たちは、ジャンパーを着て店舗を訪れる。そして相手が警戒心を解いた状態で、強引に契約を結ばせた。そんな相手を騙すようなやり方でさえ、若狭は厭わなかった。

次に、社員の行動も徹底的に管理することにした。

というのも、あるとき若狭が渋谷を歩いていると、コンビニで立ち読みしている社員を発見した。それ以外にも、社員がさぼっていたという情報が、若狭のもとに幾つも届くようになっていたのである。

若狭は、社員がサボっていないかを管理する方法を考えた。そして思いついたのが歩数計を持たせることであった。営業社員全員に歩数計をつけさせ、一日一万歩以上というノルマを課して歩かせる。営業の頑張りを可視化するのである。それはやりすぎではないかという他の幹部社員の猛反対を押し切り、若狭は歩数計の導入を決定した。

こうした強引なやり方によって、若狭は、社員から非難の目線を向けられ、アメリカ軍曹のマッカーサーをもじり、ワッカーサーとまで呼ばれるようになっていった。

若狭がオフィスに足を踏み入れると、社員が皆、一瞬、息をのむ。そして、まるで見てはいけないものを見てしまったかのように目を伏せ、うつむき、その場を立ち去った。いつしか若狭の暴君ぶりは社内でも有名となった。

しかし、若狭はこの強引な姿勢を崩さなかった。「売り上げが伸びれば、社員の給料も上がり幸せになる。幸せになれば、自分のやり方を社員も理解してくれる」という想いが若狭を突き動かしていた。そして、それを後押しする山崎の存在も大きかった。

（自分のやっていることは間違っていない。社員にはわかって貰えなくても、山崎にはわかって貰えているはずだ。少々強引であっても、社員の気持ちを無視しても、会社を大きくしていくことは、将来の山崎文栄堂とその社員、そして独立起業する自分にとってプラスになるに違いない）

そんな気持ちで若狭は社員に鞭を入れ、売り上げを伸ばし続けたのであった。

若狭の行き詰まり

「あなた、どうしたの？」

「何が？」

「ものすごく怖い顔しているわよ。何かあったの？　今日はボーナス支給の日でしょ？」

若狭が鳴らした家のチャイムをきいて、妻が玄関を開けたときのやりとりである。時計の針はすでに午前三時を示していた。

「いや、別に。何もないよ」

玄関でそそくさと靴を脱ぎ、足早に寝室に向かおうとする。

「何もないわけないでしょ。すごい眉間の皺、そんな怖い顔は見たことないわよ」

「今日はほっといてくれ。明日、話すよ……」

若狭は一人寝室に入り、ネクタイをゆるめると、そのままベッドに倒れ込んだ。そして、呟いた。

「この会社、終わったな」

（これまで、社員に疎まれながらやってきたことは何だったのだろう。入社したときとはまるで別の会社だ）

若狭は、入社したばかりの山崎との楽しい会話や、ワクワクしたシーンを思い出そうとした。しかし、そのシーンを塗りつぶすかのように、ほんの数時間前の山崎とのやり取りが脳裏に浮かんできた。

今日は、山崎文栄堂の賞与支給日である。山崎が社員一人一人を別室に呼び出し、現金を手渡し、その場で札の枚数を数えさせて感想をきくというのが、賞与を渡す際の恒例となっていた。この半年間頑張ってきたことへの評価が下される瞬間である。呼ばれるのを待つ社員たちは皆、賞与が上がるのか下がるのか、期待と不安が入り混じった微妙な表情と雰囲気を醸し出している。

幹部である若狹も例外ではなかった。山崎文栄堂の売り上げは順調に伸びていた。これは、社員からワッカーサーと呼ばれるのも厭わず、営業をかけ続けさせた成果である。若狹はそう確信していた。

(きっと山崎も、そのことに感謝してくれるだろう)

賞与の金額もさることながら、山崎から「社員をよく管理して売り上げに繋げてくれたね。ありがとう」と感謝されることを心の中で期待しながら、自分の順番を待っていた。

ところが、いくら待っても、山崎から声は掛からなかった。時刻も二十三時を過ぎようとしている。

さすがにおかしいと思い山崎に連絡を取ろうとしたそのとき、山崎が戻ってきた。そして、若狹を見て言った。

「あっ。忘れてた、今から賞与渡すよ」

「は、はい……」

その後、若狭は別室で山崎から賞与を受け取った。

「忘れていました、ごめんなさい。賞与もらえてどうでしたか?」

山崎が質問してくる。

「……」

若狭は言葉が出なかった。

山崎は、事もなげに「忘れてた」と言った。今の山崎にとっては、ほんの些細な出来事なのかもしれない。しかし、賞与は、毎日戦場の中を歩き回って契約をとってきたり、社員に鞭を入れたりして摑んだ大切な大切な成果の現れである。その重みがわかっていれば、「渡すのを忘れた」などと軽く言い放つことなどできる筈はない。金額うんぬんの話ではない。山崎の社員を想う気持ちのなさに、何とも言えない怒りや悲しみ、虚しさを覚えていた。

その後、山崎は、賞与金額を決めた理由を一時間近く話していたが、若狭の耳にはほとんど入らなかった。

(自分一人で会社を動かしている気でいるんじゃないだろうな。こんな社員の気持ちを考えない、社員を大切にしない社長には、誰もついてこない。会社もすぐに潰れるぞ)

若狭の心の中では、ずっとこの気持ちが渦を巻いていた。

次の日の朝、朝食を食べているとき、若狭の妻は言った。

「昨日は特にそうだったけど、最近、顔が変わったよ。怖くなった。笑うことも少なくなったし……」

「そうかな。まあ、仕事が忙しいからな。仕方ないよ」

話を終わらせようとする若狭の顔を真剣に見つめて、妻が続けた。

「でも……。本当に辛そうで、心配だよ。他にも良い会社、たくさんあるよ」

「そうだな。ありがとう」

(確かにそうだ。このままの山崎文栄堂に未来はない。しかし、売り上げを伸ばしていくためには、今の方法しかないだろう。他の方法は思いつかない。このまま行けるだけ行って、それでだめなら独立起業すればいいか……)

現状ではだめだということは、昨夜の出来事ではっきりと認識はしたものの、打つ手も思いつかず、悶々とする若狭であった。

全国１位表彰。華々しい舞台でスピーチをする若狭

全国一位獲得！　若狭の光と影

「全国一位、おめでとうございます！」

大きな拍手を浴びながら、若狭は表彰状を受け取った。

オフィス通販会社創業者から、全エージェントの前で若狭が表彰を受けていた。場所は東京駅近くのホテル。二〇一二年六月のことである。

若狭は、社員に疎まれ、山崎に不信感を募らせながらも、売り上げを落とすわけにはいかないという一心で営業をかけ続けた。そして、オフィス通販会社が行った全国規模のセールスキャンペーンで、全国一五〇〇社ある代理店の中で一位を獲得したのだった。

この華々しい舞台の上で、トロフィーがスポットライトの光でキラキラと輝いている。表彰状を受け取る若狹の姿に多くのフラッシュがたかれる。満面の笑みでガッツポーズをとる若狹。

しかし、そんな明るさ華やかさとは真逆に、若狹の心は真っ暗であった。光が届かない暗く先の見えない洞窟の中にいる感覚であった。ただただ、早くこの場が終わることを望んでいた。

（ああ、また頑張らなくては）

思わず溜息を吐きそうになった若狹は、慌てて笑顔をつくった。一位を取ってしまったら、二位はもう取れない。そのことが大きなプレッシャーとなって圧し掛かっていた。今こうして表彰されている時点で、一位はすでに過去の出来事なのだ。

（山崎から、次はさらに断トツの一位を狙うよう命令が出るだろう。また一位を取らなければならない……）

だが、若狹には、ある期待もあった。全国一位を取り、一緒に戦った部下の給料も上がるであろう。社員たちは名誉と収入を手に入れた。つまり、幸せを手に入れたのである。

（これで、今まで受け身であった社員が変わって、主体的に積極的に、営業に向かってくれるのではないか）

若狹は期待していた。

「今日は新規営業、三件取れるまで帰ってきません」

「昨日契約が取れなかったので、今日は四件取れるように頑張ります」

毎朝、歩数計をつけた社員にその日の目標を発表させ、ライバル会社のカタログを破かせた後に、営業に向かわせる。

この朝会の儀式では、全国一位になった後も、元気なく小さい声でぼそぼそと発表する社員が増え続けた。また、日常的に社員の遅刻や欠勤が相次いだ。

若狭の期待は完全に裏切られたのである。オフィスの壁にかけられた表彰状を見つめながら、若狭は小さく溜息を吐いた。

（なぜ、かわってくれないんだ……）

こうして、若狭のまた一位を取るための孤独な戦いがはじまった。これまでよりも、もっと、社員を動かさなければならない。動かない社員には、もっと、鞭を入れなければならない。もっと。もっと。

朝会で若狭は測定器で声の音量を測り、基準に達しないと「声が小さい！」と叱咤した。そして、表示されたデシベルを社員に見せ、もう一度言わせる。これを基準のデシベルに達するまで繰り返させた。

遅刻や欠勤した社員がそれを隠そうとするのを防ぐため、若狭は、出社した証拠を携帯のカメラで撮影させ、若狭のもとに送るよう指示を出した。

そんな若狭のやり方に耐えられず、退社していく社員も少なくなかった。山崎文栄堂の離職率は八〇％を超えていた。

朝会で並んでいる社員の顔は、今日も覇気がなかった。若狭は夢や希望、目標を持って山崎文栄堂へ入った。それはここにいる皆が同じはずだった。

ワクワクしたあの気持ちは、どこに置いてきてしまったのだろう。社員もついてこないし山崎にも頼れない。この先どうしてよいのか正直わからなくなっていた。

（売り上げを上げなければいけないのは間違いのないことだ。これだけは正しいはずだ。行けるところまで進むしかない……）

朝会が終わり、社員が出ていった後、若狭は一人、そう思った。そして、床に落ちていたライバル社のカタログの破片をそっと拾い上げ、一瞬だけ宙に掲げた後、そのままごみ箱に捨てた。

山崎と若狭の心が離れた。同じ職場で働きながら、ろくに言葉も交わさない日々が一年近く経った……。

しかし、そんな若狭の苦悩を、神様はちゃんと見守ってくれていた。

第3章　仲村恵子と出会う

経営者勉強会への誘い

「会社の経費で、帰省してください」

山崎の突然の発言。若狭は、全く意味がわからなかった。

「ど、どういうことですか？」

「ああ、ごめんなさい。順を追って話をしますね」

ある日、若狭は山崎に呼び出された。社長室に入ったとたん、山崎が意味不明なことを言い出したのであった。

「若狭君は、今の山崎文栄堂の状況をどう思う？」

「売り上げは順調に伸びていますので、会社として問題はないかと思っています。しかし、社員が主体的に動こうとしないのが問題です。十分な給料も出しているのに……」

　山崎が自分に意見をきくなんて、いつぶりだろう。そんなことを思いながら答えた。

「私も同じことを感じていました。社員の気力が萎えている。なぜだと思いますか？」

「気力が萎えているのは、私が鞭を入れすぎているのが原因の一つだとは感じています。しかし、そうしないと動いてくれない。動かなければ売り上げは下がる。そうなって不幸になるのも社員自身です。それを皆、わかっていないんです」

　若狭は、久しぶりの山崎からの問いに日ごろの悶々とした気持ちをぶちまけた。

「そうですよね。実はその矛盾を私も感じていて……。知り合いの薦めもあって、ある経営者勉強会に一年ほど前から通っているんです」

（あれ？　何かが違う気がする）

　賞与の件などで山崎から気持ちが離れた若狭は、この一年ほどは、山崎と面と向かって話す機会もほとんどつくっていなかった。久しぶりにまともに話す山崎の何かが、一年ほど前と違う気がしたのだ。

（目が違うのか。いや、目だけじゃなく表情や雰囲気も違っている気がする）

　吊り上がっていて鋭かった目がごく僅かであるが目尻が下がり優しい目へ、高圧的であった雰囲気も、ほんの少しだが腰が低いというか申し訳なさそうな雰囲気へと変化しているように、若狭には思えた。

　山崎は話を続ける。

「その経営者勉強会は、数字では表現できない心のこと、つまり、コミュニケーションを勉強させてくれるんです」

「数字では表せないもの、ですか？」

（そんなものに意味があるのか。誰も理解してくれないだろう）

　心の中で、強い否定の気持ちが湧き上がるのを感じながら、若狭は言った。

「そう。数字では表せないもの。だいぶ前になるかもしれませんが、私が朝会で『社員教育に投資するのは、金をドブに捨てるようなものだ』と言ったことを覚えていますか」

「覚えています」

　若狭は即答した。

「若狭君は、社員が不要だと言っているようにしか聞こえないと言っていましたよね」

「はい。今でもそうだと思っています」

　若狭は正直に答える。

「実は、皆の能力を信じているから頑張れと、社員を激励したつもりだったんです。良かれと思って言ったんですが……」

「そ、そうだったんですか。全く、そうは聞こえませんでしたが」

「そうでしょう。しかし、私は全く気づかなかった。経営者勉強会に出席して色々と指摘を受けるうちに、そのことをやっと理解できたんです」

「はあ……」

(山崎のコミュニケーション能力不足というか思い込みの強さで、意思疎通が図れていなかったというのは、なんとなく理解できた。しかし、それと社員のやる気を起こさせるのとは別の話ではないのか)

いまいちピンとこず、生返事をする若狭であった。

「本当に、そのことに気づいたときはショックだったなぁーー」

それまで他人行儀だった山崎の口調が、一瞬、変わった。

(ん？)

若狭は思わず目を擦った。

山崎の背後、綺麗であるが無機質さも感じられる社長室の景色が、小さくて決して綺麗とは言えないが温かみのあった昔のバラックへと変化した。

そして、会社をどうやって大きくしていくかを夜遅くまで語り合った山崎が、若狭の前に現れる。そんな感じがしたからである。

そのことには全く気づいていないように山崎は話を続けた。

「この経営者勉強会は大阪でもやっているんです。確か、若狭君は大阪が実家でしたよね。この勉強会は週末にやっているので、出張という扱いで勉強会に出席してください。そして、そのまま帰省するというのはどうですか」

「まあ、社長の指示であれば従います。気分転換にもなりますし」

「では決まりですね。参加をお願いします」

「承知いたしました」

こうして、若狭は経営者勉強会へ参加することとなった。

(数字に表れないことを勉強したところで、きっと何も変わらない。正直、そんな時間があれば、仕事をしていたい。だが、これも一つの学びだ。もしかしたら、新しい気づきがあるかもしれない)

経営者勉強会には全く期待していなかったが、一瞬昔の山崎が現れたように感じたことも手伝ってか、若狭は参加してみようという気になったのであった。


山崎とのやり取りから一ヶ月ほど後、若狭は、経営者勉強会が開催される銀杏並木が美しい大阪御堂筋に面した研修ルームにいた。

勉強会がはじまる直前、この会の代表で講師も務める仲村恵子さんが、他の参加者と順番に挨拶をしながら、机もなく椅子だけが半円に丸く並んだ中心方へ歩いていく。

「こんにちは。よろしくお願いします」

恵子さんが若狭の前を通ったため、若狭は挨拶をした。

〔仲村恵子の所見〕若狭謙治の初対面

「こんにちは、はじめまして、仲村恵子です。山ちゃんの右腕の方ですよね？」

私は、彼と出逢う日を指折り数えて楽しみに待っていた。

なぜなら山崎文栄堂が数字を追いかける企業から、志経営へシフトする鍵になる人物なのは間違いないからだ。

まだ入社当時数億の売り上げだった山崎文栄堂を、山崎と伴に瞬く間に数十億の企業にのし上げ、オフィス通販会社代理店で日本一になった人物だから、達成する力、全体を観る力、行動力、必要なリソースはすべて兼ね備えた仕事のできる人なのだろう。

第一印象は物腰が柔らかく笑顔でニコニコ優しそうな感じだが、それは本当の自分とかけ離れた真実を、おおい隠すように着ぐるみごしの人物と話すような違和感があった。

例えば、「つまらないけど顔だけ作り笑いで楽しいよ」と言ってみるような、「なんか本当かなぁ？」と思うような違和感を覚えた。

「社長の山ちゃんに大変お世話になっているんだけど、山ちゃんのことどう思う？」

聞いてみると腕を組んで困ったように
「別に嫌いではないですよ」

苦笑いしていた。

（着ぐるみ君と本当の話ができたらいいなぁ）、それが印象深かった。

でも同時に着ぐるみの中の彼を覗いてみると、懐かしい兄弟のような不思議な親近感があった。

これからはじまる大冒険の乗組員は、この人、若狭謙治、謙ちゃんだと確信していた。

偶然はない神様と約束した仲間とやっと出逢えた感動みたいな感覚だった。

若狭謙治は恵子さんから、山崎の右腕と言われてびっくりした。

（賞与を渡すのを忘れるような社員が、右腕なわけないだろう……）

若狭が思わず苦笑いを浮かべていると質問が飛んできた。

「なんで、この会に参加しようと思ったのですか？」

「帰省できるからです。実家が大阪なので」

「そうなの。帰省も大切なことですから、続けて参加してくださいね」

　茶目っ気たっぷりな笑顔で彼女は話す。

(帰省を理由に出席していることをはじめから知っていたかのような表情だなあ。山崎が自分をこの経営者勉強会に誘ったのは、この人からの入れ知恵なのでは？)

　若狭は思った。

「なんて呼んだらよいですか？　若狭謙治さんだから、謙ちゃんかな？」

「は？　ま、まあ、それでお願いします」

「わかりました、あと、私を呼ぶときは苗字じゃなくて名前で呼んでね」

「け、恵子さん……ですか？」

　すーっと心の中に入ってくるような恵子さんの雰囲気に、今までにない違和感を覚えながら、勉強会がはじまった。

　勉強会の内容は、人によって考え方や感じ方は違っているという実例や、社員の気持ちを尊重しながら仕事を進めていくための方法など、コミュニケーションの手法がほとんどであった。経営に必要不可欠なはずの『数字』は一切出てこなかった。（コミュニケーションは人間関係には大切だ。とても参考になる。だが、人はみなそれぞれ違うということを学んだところで、売り上げが伸びるとは思えない。経営という面では、一体何の意味があるのか理解できない）

これが若狭の正直な気持ちであった。これは初回だけの内容で、次の勉強会からは数字や売り上げという言葉が出てくるのではと期待したが、その後、何度勉強会に参加しても『数字』『売り上げ』という言葉は出てこない。

更に恵子さんは、お金に関する感覚が若狭たち普通の人とは違った。

恵子さんの話は、興味深かった。

いくらお金を稼いで儲けても、自分達の為にしか使えなくては意味がない。何の為に働くのか？　世の為、人の為に役立つお金の使い道を明確にし、経営者はしっかり儲けてしっかり使い、世界にエネルギーを循環させる使命があると思う。

たまに経営者で、経費を削減し、教育投資に興味もなく、税金さえも払わない方が良い事のように自慢する人もいるが、社会に喜ばれるような人財を育てる教育を続け、お世話になっている国の為に税金を納め、社会貢献させて頂けるようにお金が使えたら、それは企業としてありがたい事ではないかと思う。

確かに国のお金の使い道には、文句を言いたくなる事もある。しかし政治家を選んだのは私たちの責任だからこれも自業自得、仕方ないとあきらめてはいけない。幸せな人生を生きる事を他人任せにはできないと思う。

だからこそ経営者が幸せな成功者になる為に、お金に対する考え方が重要になる。もし今、不安や焦りのような感覚があるならば、一度立ち止まって問いかけてみてほしい。

何の為にお金が必要なのか？　お金に愛されているのか？

自分たちの為に貯める、自分達の為に使うだけではお金というエネルギーが、より善く循環しない。ましてや社員やお客様に喜ばれない悪因のあるお金を集めるような事になれば、未来に希望がひろがるだろうか？　仕事に誇りを持てるだろうか？「目標数字を達成する」と言い続けて魂が燃えるだろうか？

昨今、日本民族がもっとも大切にしていた根幹となる価値判断基準を失い、志や考える力をなくしてしまったように思う。かつては、勤勉さや愛、高い志を持って経営者が世の中を支えてきたではないか。

もう一度日本の素晴らしさ、志について学び、私たちは失われた誇りを取りもどし、眠らされた獅子を目覚めさせなければならない。

……目先の利益を追い求めてきた若狭には、にわかに理解できない視座だった。

お金の話以外でも、恵子さんの話は何やら若狭には、良い意味でも悪い意味でも新鮮だった。挙句の果て、こんなことも言われた。

「心から信頼できる仲間と、世界中を大冒険して、なおかつ業績がよくなっていく方法があるとしたらどう？」

「そんな方法が、本当にあったらよいですね」

若狭は皮肉を込めて、そう答えた。

（そんなことはあるわけないだろう。売り上げを追い求めるには、心から信頼できる仲間など不要だし、ましてや、その仲間と大冒険をしていて業績がよくなるわけがない）

心の中で、そんな声が聞こえた。

山崎からの懇願

二〇一二年の年末。若狭は、屋久島から帰って来た山崎に突然呼び出された。

「若狭です。入ります」

「私が間違っていた。本当に申し訳ない」

突然、山崎が若狭に向かって頭を下げた。

「……どうしたんですか」

若狭は驚きのあまり、その場に立ち尽くした。

「会社を良くしたいんだ。でも、その前に、皆を幸せにしたいんだ」

山崎が若狭に向けて満面の笑みを向けた。

「恵子さんからきいていると思うけど、私は、屋久島で行われたワークに参加してきました。そして今、めちゃくちゃ驚いているんです。人って、こんなにも変われるんだとね。信じられないかもしれないけど、社員への感謝の気持ちが、自然に溢れてくるようになったんだよ」

山崎は、熱く語りはじめた。

屋久島の大自然に囲まれた落ち着いた環境の中で、ひたすら自分自身と向かい合い、これまでの自分の発言や行動、そんな言動をとる原因となっている過去の体験や思い込み、トラウマなどを徹底的に見つめたこと……。

「ワークを進めていくことで、本当の自分は社員の個性が生きるようにサポートしていきたかった、そう思えるようになった。そうしたら、社員たちに今までの謝罪と、これまでついてきてくれた感謝の気持ちが溢れてきたんだ」

山崎は、涙目になっていた。

それからの山崎は変わっていった。事あるごとに社員に「ありがとう」と伝えるようになっていった。

契約が一件取れれば、その社員に向かって、ありがとうと伝えた。掃除をしてくれる社員がいれば、山崎も一緒に手伝った。ありがとうという感謝の気持ちを、行動でも示したかったのだろう。今まで言ってこなかった些細な場面での感謝の言葉を、山崎は伝えたくて仕方なくなっていった。

「だが、なかなか、社員は私の気持ちの変化を受け入れてはくれないんだ……」

山崎はうつむきながら若狭に吐露した。

ある日、山崎が出社してオフィスに入ろうとしたとき、出てきた社員が足を止めて扉を開けた。社員は山崎と目を合わせないように下を向き、扉に手を掛けたまま、山崎が通るのを待っていた。

「ありがとう」

社員は山崎のその言葉に驚き、伏せたままだった顔を勢いよく上げ笑顔になりかけた。しかし、山崎と目が合うなり、その表情はたちまち恐怖に歪む。

「い、いえ。とんでもございません」

「今日もがんばってね」

口ごもる社員に向かって、山崎はそっと一言添えた。社員は一瞬驚きの表情を浮かべたが、すぐに顔を伏せて若干震えながら山崎が通り過ぎるのを待っていた。

山崎が「ありがとう」と何度も何度も口にしても、社員たちは相変わらず山崎を避ける日々が続いた。


「私一人が、突然、感謝の気持ちを伝えだしても、会社はなかなか変わらないんだよ。そんな簡単に、社員に根付いてしまった私への恐怖心は消えないよね。私が間違っていた」

話を終えた山崎が、若狭に向かって頭を下げた。

「今からでも、この会社を、山崎文栄堂をなんとか変えたいんだ。このままでは誰も幸せになんてなれない。売り上げ一辺倒の今の経営方式を変えて、社員や社会の本当の幸せを追求する経営に変えていきたいんだよ」

「気持ちはわかりますけど……」

若狭は一緒に経営者勉強会に通い始めているので、山崎が何をやりたいのかは理解できていた。ランチェスター戦略をはじめとした売り上げを追求する昭和型経営から、経営者勉強会で恵子さんが提唱している『志経営』への方向転換である。

志経営とは、簡単に言うと、売り上げといった数字ではなく、どのように社会に貢献していくかという志を掲げ、その実現を目指していく経営術である。

（一八〇度方向転換だな……）

若狭は、ランチェスター戦略をやめて、志を大切にする方向にシフトしていくことには、正直反対であった。

（なんだかんだ言っても、売り上げがないとはじまらない。社員も幸せになれない）

売り上げという数字への拘りを、若狭は、簡単に捨てる気にはなれなかった。さらに、山崎の気持ちが、屋久島に行って一時的に盛り上がっているだけなのではという懸念もあった。

戸惑っている若狭に、山崎が言った。

「私と同志になってください！　同志になって一緒に会社を変えていきたいんだよ。本当に『おしごとたのしく』の会社にしていこう。また昔のようにワイワイやろう。お願いだ！」

「わかりました。お手伝いします」

若狭は冷静を装いながら答えた。まだ、山崎からの提案が一時的な気の迷いではないかという疑念は消えていないが、山崎が「同志になりたい」といってくれたことはとても嬉しかった。さらに、山崎が昔の頃の山崎に戻りつつあるようにも感じた若狭は、この提案を受け入れることにした。

「おおっ」

その答えをきいた山崎がいきなり手を振ってきたため、若狭は驚きの声を漏らした。

「本当に、ありがとう！　感謝感謝だよ。今度は、一緒に屋久島にも行こうね」

「そ、そうですね。まあ、考えておきます……」

屋久島に行くことについては言葉を濁し、とりあえず、山崎の意向を社員に伝えていくことを若狭は約束した。

混乱する山崎文栄堂

「売り上げを伸ばすことは必要です。ですが、皆さんの幸せというものも、これからは考えていくことになりました」

その後の朝会で、若狭は営業社員にこう話した。社員は皆、口をあけてぽかんとした表情をしている。

「具体的には、歩数計などの管理を少し緩和しようと思います。ただ、目標は変えませんので、売り上げは計画通りに達成していくようにしてください」

(自分でも、何を言っているのかよくわからない……)

矛盾を抱えながら、若狭は、売り上げを下げない前提で、山崎の考えを社員に伝えていった。

「社員の負荷を下げようとしているのに、目標売り上げは変更しないなんて、意味がわからない。どっちが大事なのかはっきりしてもらわないと動けないよな……」

「なんで急に、こんなことになったのだろう」

「売り上げが下がったら、結局、給料が下がるんだろ。それはそれで幸せじゃないよ……」

そんな声も聞こえた。幹部社員はもちろん、他の社員、パートに至るまで、ほぼ全社員がモヤモヤした感覚を持っているように若狭には見えた。中には、恐る恐る、若狭に直接質問にくる社員もいた。それに対して若狭は、

「社長の方針なんだから、仕方ないだろ」

「社長の熱も、その内冷めて、もとに戻るよ」

「決定したのは社長なんだから、私に質問されても困るよ」

この混乱の原因はすべて山崎の突然の方針転換であり、自分はそれに従っているだけ、と

いう立場を貫いていた。

「本当に、山崎にも困ったものですよ。突然すぎますよ」

若狭は、経営者勉強会の研修会が終わった後の会場で、山崎の突然の方針転換で困っていることを恵子さんに話した。

「まあまあ、大目にみてあげなさいよ」

そんな若狭の反応を予期していたように、恵子さんは微笑んで続けた。

「山ちゃんはね、本気で、山崎文栄堂を変えようとしているんだよ。そして『それは一人ではできない。どれだけ少なくとも、あと一人は強力な味方、同志がいる。それは、謙ちゃんしかいない。土下座してでも、同志になって貰います』って、相当な覚悟をしていたんだよ」

「えっ……」

意外な事実を知って驚いたところに、恵子さんが質問をたたみかけてくる。

「ところで謙ちゃん質問なんだけど、正直に答えてくれる？　山崎文栄堂まだまだ続けるの？」

明後日の方向からの問いに、若狭は目を丸くした。

「私はどっちでもいいんだけどね。ほら謙ちゃんは、将来独立するために一番苦労できそうな山崎文栄堂を選んだって言ってたでしょ。辞めるなら山ちゃんにも段取りがあるしさぁ。どっちでもいいから、考えているなら、いつ辞めるか教えて」

あっけらかんとした恵子さんの問いに、若狹はつられて答える。

「辞めないですよ。今、全然考えてないですよ」

「なんだそうか。それならすぐに同志になってもらおうっと」

恵子さんは、悪戯っぽく笑って続ける。

「山ちゃんは、謙ちゃんと同志になりたいけど、入社当時から『将来の夢は退職し社長になることだ』とずっと謙ちゃんからきいていたでしょ。辞めるとわかっている人に期待したくない。ずっと一人ぼっちだった山ちゃんが、はじめて優しい心を丸ごとオープンにして謙ちゃんと同志になっても、いつかくるだろう別離を思うと不安になっていたんだよ。辞めないなら、良かった、良かった」

なんだか一人で、うれしそうに「うん、うん」とうなずいている。

若狹はなんだか、恵子さんに毒気を抜かれた気分だった。そして、そこまで山崎が覚悟していたとは思わず動揺した。

「謙ちゃんは、この経営方針転換の件、山ちゃんのせいにばかりしているけれど、謙ちゃん自身が決められることもあるよね。あなたは、山崎文栄堂をどうしたいの？　それを、よくよく考えなさいね」

（社長がそこまで本気で変わろうとしていたとは……）

うつむく若狭の肩をポンと叩きながら、恵子さんは続けた。

「あなたがどうしたいか、じっくり考えて、その結論を山ちゃんにしっかりと伝えるのよ」

大阪での経営者勉強会の研修会が終わった次の日、実家で若狭は今後の山崎との関わり方をじっくりと考えていた。

売り上げをある意味では放棄するような経営方針転換である。いくら、恵子さんの指導やアドバイスを受けられるとは言え、正直、やり抜ける自信はなかった。

（やれる気はしない。が、やらないといけない気もする。考えがまとまらない）

気分を変えようと、リビングでテレビのチャンネルを変えながらボーっとしている若狭。そんなとき、母が声をかけてきた。

「いい会社だね。色々と学ばせてくれて」

若狭はハッとした。母の昔の言葉を思い出した。

「あなたも、いつまでも謙虚に学び続けて、人の役に立って喜ばれる人になって欲しい」

「ありがとう、母さん。おかげで、迷いがなくなったよ」

思わず伝えた。母は息子が何に思い当たったのかわからず、きょとんとしている。

（一体何にしがみついていたのか。学びは大切だ。自分も変わらなければいけない。社長のせいにばかりしていては卑怯だ。時間はかかるかもしれないが、志経営をしっかり学んで、山崎文栄堂を変えていこう）

若狹の心が固まった。何歳になっても、母は息子の悩みを見抜いたように的確な言葉を与えてくれるのだった。

〈仲村恵子の所見〉芋虫から蝶へ

今までの山崎文栄堂は、『おしごとたのしく』と理念を掲げていたものの、理念が立派であればあるほど、現実とは大きくかけ離れた現実があった。仕事は辛く厳しいもので、楽しそうなふりはできるけれど、『本当に仕事が楽しい』はわからなかった。

山ちゃんと謙ちゃんが、とても元気な笑顔でいるんだけど、なんかすっきりしない違和感を抱いて訊いたことがある。

「ねぇ、社員旅行に行った時の写真を見せてもらったことあるけど、あなたたちみんな、なんか心から笑っている感じがしないんだよね。本当は楽しい社員旅行のはずなんだけど。ねぇ楽しいってわかる？」

二人はぽかんとした顔をして、不思議な質問にフリーズしていた。

謙ちゃんがおもむろに答えた。

「こんな場面ではこんな風に楽しそうに振舞うべきではないか……、とみんな笑顔ではいたけれど、本当に楽しいってどういう感じなんだろう……、あれっ？　楽しそうはわかるけど、楽しいがわからないかもしれない」

仕事が楽しいと思える日が来るなんて今はまだ信じていないだろう。そんな日が来るまでもう少しかかる。


さて、ここから山崎文栄堂を魅力的なチームに、勝てるチームに一歩ずつ確実に変えていく。チーム芋虫が、さなぎになって一気に空を飛ぶ蝶にシフトしていく。今までの芋虫の世界の常識を反転させ、蝶にとっての当たり前の考え方と行動にシフトしていく。

これが相当難しい。「そんな事をしたら、絶対売り上げは下がり会社がつぶれてしまう」

という常識に囚われて、普通は私の話は都合のいいところと、今の自分で理解出来そうなところだけ採用して、わからない所は聴かなかったか、「また恵子さん変な事いっているな」で、済まされてしまう。

ここがもどかしい。

あのね、もうすぐ飛び込み営業なんてしなくてよくなるよ。

クレームや辛い営業しなくても喜ばれるチームになれるよ。

解約処理と退職等にかかる時間がなくなるから、楽しく成功できるよ。

新時代では、価値ある情報と教育、善きコミュニティが売り上げにつながるよ。

五〇%貢献＋五〇%教育＝一〇〇%楽しいで勝てる。

まだ、わからないだろうなぁ……、わからなくても良い。

山ちゃん謙ちゃんの直観力を信じる。

今までと違う戦略で、売り上げを上げ続けながら、シフトしていくには、山ちゃん、謙ちゃんそして幹部達との完全な信頼関係が鍵になる、中途半端だと失敗してしまうだろう。

これからの数年が勝負だなぁ。普通は上手くいかない事があると、いくらその時決断しても、すぐに引き戻し現象で、「やはり恵子さん、お金がないです。時間がないです。社員が反対します。体調が悪いです。人が足りないです……だからやめます」みたいな、身近な反対意見で、出来る範囲で行動するに収まる事がある。基本的に慣れ親しんだコンフォートゾーンから出たくない、つまり変わりたくないのだ。

だから私は基本、滅多な事では、本気で志経営サポートはしない事にしている。何回か言ってみて、行動しない、続かない場合は、相手に合わせて出来る範囲でサポートする。

それはどの世界でも同じだと思う。そこまでやる気の無い人に、指導するのは押しつけだし迷惑な話だと思うからだ。みんな好きなように関わりたいだけ関わればいいと思っている。ちょっと学ぶだけでも、エネルギーは上がるし、楽しくなるし、友達もふえる。

ただ次元上昇は社長の覚悟次第だと思う。無理しなくても、他にも自分に合う研修会社はいくらでもあるから、合わない事などする必要もない。

そういえば昔「どうしようもない人を、何とかするのがコーチではないか？」と聞かれたことがある。私は即答で「無理」と言ってしまった。無理な物は無理なのだ。私が名コーチと出逢ってゴルフを教えてもらっても、一度も練習せずいつか試合で勝ちたいと言ったら、きっと無理と言うだろう。

今までの常識を超えて、次元の違う世界に行きたければ、新たな道を見つける力が必要になる。

そこでどんな感覚なのかを体験から学んでほしくて、私はカナダ、ロッキー山脈の大自然の中でクライミングの研修をしている。岩壁を登るなどと今まで一度も考えていなかった社長や幹部たちが、初めて二五メートルくらいの空まで見上げる壁のような岩の前に立つと、みんな「これ登るの？　無理でしょ」って空気が蔓延する。

ヘルメットをかぶり、ハーネスを装備し、周りを見て「どうやらマジで行くしかないか！」と決めたチームは、二人一組でどっかに足がかり手掛かりがないかと、探し始める。

「右手に引っかかりがあるよ」

「三〇センチ左にずれて、そうそこの窪みに足ひっかけて」

「安心してちゃんとリレーするから」

道を探し始める。

そしてなぜだか崖は登れてしまう。こんな経験をすると、あら不思議、崖を見ると自然にルートを探して見つけてしまう。もはや登れない岩壁では無くなり、道が現れてしまうのだ。

こんな感じで、新しい時代を乗り越えて行こうと思ったら、今までの道を歩む、という常識を手放す覚悟はいるかもしれない。常識を越えていく。

だからこそ面白いし、新しい行動の新しい世界が拡がっていく、経営という大冒険を楽しめると思う。

一歩ずつ道を探して登り続けよう！　繰り返し歩める人は凄いのだから。

毎月一回、山ちゃんと謙ちゃんにオフィスに来てもらって、行動することをリクエストする。出来るならサポートを続けるし、出来なければやめる。そう覚悟を決めてスタートした。

ここから私にとっても、文栄堂のチームにとっても我慢比べだ。基本、私の見ている世界と山崎文栄堂チームが見ている世界はちがう。ここから始まる数年後には山崎文栄堂は、今抱えている全ての課題を越えているだろう。しかし今、目の前にいるのは現実という岩壁を見上げている山ちゃんと謙ちゃんだった。

最初に無理を承知でお願いしたのは、ワールドユーの全ての研修に三年間全部参加すること。

普通は無理だと思う。なぜなら時間がないし費用対効果がわからないからというのが普通だと思う。でもどうしても二人の考え方を拡げる必要があった。奇跡とは考え方を変える事。これが出来ないと、結局同じ事を繰り返してしまう。

内省内観の統合ワークで過去の信念はバージョンアップしても、それは半分で残りの半分は自分の人生をよりよく生きる為の土台となる新しい考え方を、体験を通じて学んで貰う必要があった。

第4章 屋久島に行く

だから、屋久島に行こう!

「これからは自分の言いたいことも言っていきます。そして、本気で会社を変える方法を考えていこうと思います。そのために、経営者勉強会での学びもじっくりとしていきます」

大阪での母の言葉を胸に、気づきを得た若狭は、山崎に話した。

山崎は振り向き、満面の笑みを向けた。そして言った。

「それならば、いい方法があります」

「なんでしょう?」

「屋久島に行きましょう!」

「は?」

若狭は、山崎のいきなりの言葉に、目を丸くした。

「だから、屋久島に行こうよ。一緒に会社を良くしていこうって頼んだときにも誘ったよね。そのとき『そうですね』って言ったじゃないか」

「そう言ったかもしれませんが……」

若狭は言いわけをしようとしたが、その前に山崎がにやりと笑って言った。

「これは業務命令です！」

山崎は悪戯っ子のような顔をしていた。この状況を、心から楽しんでいるようだった。

「な、なんでいきなり屋久島に行かなきゃいけなんですか」

若狭は反抗を試みたが、山崎は戸惑う若狭の反応を楽しむように笑っていた。

（いきなりだけど、何となくこうなる気もしていたな。懐かしい）

そんな山崎が、若狭にはなぜかとても懐かしく思えた。

「言ったでしょ。これは業務命令です！」

「だからって、いきなりすぎますよ」

いつの間にか少し笑顔になっている若狭であった。

結局、山崎に押し切られ、若狭は屋久島にきていた。目の前には、雄大な自然が広がっている。東京では考えられないほど空は高く、そして澄んでいた。

あまりにもあっという間の出来事で、若狭は思わず苦笑した。行動力に定評のある山崎だったが、こんな形で発揮されるとは思いもしなかった。山崎は自分と若狭のスケジュールをすべて調整し、社長と幹部が抜けた状態でも問題ないようにして、見事屋久島へ飛んできていたのだ。

「さあ、行きましょう」

完全に山崎のペースに呑まれた形の若狭は、なぜか楽しそうな山崎の後についていくしかなかった。そして連れてこられたのは、勉強会をやっているという建物だった。

「今から参加してもらうよ」

そう言われ、若狭はされるがまま参加することとなった。

この勉強会とは、大自然の中でゆっくりと自分と向き合うというものだった。それまで若狭は、自分と向き合うのではなく、会社の数字と向き合ってきた。売り上げと業績に縛られ、すべてが数字で表すことのできる世界で、その数字を上げることだけに意識を傾けてきた。それがこの勉強会では自分と向き合うのだ。

用意されたテーブルの前に座ると、目の前には大きな窓があった。

窓の外には、屋久島の山々を見ることができた。なんて大きく、なんて美しいのか。

濃い緑は生命の強さを表していたし、真っ青な空は自然の在り方を示していた。目に映るすべてのものが大きく、そして輝いて見えた。

テーブルの上に用意された小さなメモ。そこに、現在と過去の状況を記していく。

若狭は悩んだ。何を書いていいのかわからず、ペンが止まった。書くという行為は、曝け出すということだ。若狭は自分のことを客観視したことなどなかった。

「何を書けばいいか、わからないのですが」

近くにいたスタッフに、正直にきいた。

「なんでもいいんですよ。恵子さんの導きに耳を傾け、感じたままを書けば。まずは、頭に浮かんだことを書いてみてください」

そう言われ、目を閉じた。

まずは現在だ。社員に対してはどうだろう。契約を取れない、できない社員に対して自分はどうしているのか。目を開け、そのメモに『社員を馬鹿にしてしまう』と書いた。勇気のいる作業だった。

過去はどうなのか。過去を振り返った。どんな幼少期だったか。どんな思いを抱いていたか。頭に浮かぶのは、両親の姿だ。両親とはどんな関係だったか。ペンを取り『親と向き合えない』と書いた。書いた後で、自分でも驚いていた。そんなこと、考えてもみなかったのだ。

書いたメモをもとに、今度はその背景にはどのような思想や思いがあるのかを、一つ一つ考えていく。それは虚しさなのか、自分に価値がないと思っているのか。自己肯定感の低さなのか。とにかく自分の中から湧き出てくる言葉を記していった。

どれくらい時間がかかったのかはわからない。すぐに言葉が出てくることもあれば、長い時間をかけてやっと絞り出すこともあった。恵子さんに導かれとにかく自己を見つめ、どれだけ時間がかかっても、素直な言葉を捻りだした。

若狭の両親は共働きだった。思い出すのは、保育園で母親の帰りを待つ幼い自分の姿だ。

「早く帰るよ」

迎えにきた母親はそう言って、幼い若狭の手をさっと取り、急ぎ足で家路に就く。そのとき抱いた思いは、忙しい母には自分は必要のない人間なんじゃないか、というものだった。

それが、『惨めさ』や『虚しさ』という感情となり、若狭の無意識の中に残っていたのだ。これらの感情を無意識下で感じていた若狭は、自分自身でそれらを感じないようにするため、人を怒鳴りつけてしまっていたのかもしれない。

そんな怒鳴りつける自分の姿から、次に若狭の脳裏に浮かび上がってきたのは、社内に一人取り残された自分の姿だった。朝礼で社員を鼓舞し、「今日は成約できるまで帰ってきません」と社員たちに言わせせる。ライバル社のカタログを破かせる。そして営業に皆が出払った後、一人社内に残されたときの虚しさが、若狭を襲ってきた。

皆が成果を出しても嬉しくなかった。誰かを蹴落としてまでも、自分が上に登っていきたかった。認められ、評価されたかった。人の不幸は蜜の味とまで思った時期があったほど、若狭は自分を見失っていた。

社員はただ疲弊していくだけなのに、そこまでして上にいくのは、果たして正しいことなのか。これまで当たり前のように行ってきたことは、本当にやりたいことだったのか。若狭は自問自答した。

無意識の意識を曝け出す。そんな経験ははじめてだった。そして、気づきはじめた。惨めさ、虚しさから、『役に立てない自分なんて必要とされていない』という思い込みを生んでいたのだ。そしてそれらが、すべての行動に反映されていたということに。

そんな幼い頃の思い込みを、すでに母と同じように仕事をし、父親となり多忙になった今の若狭が塗り替えていく。思い込みの根本を探り、自ら認識することで、人間の行動は変えることができる。

それまでの若狭は、成果と自分の価値が紐づいていた。成果を出さなければ、自分の価値は上がらないと思い込んでいた。けれど、それらはすべてではなかったのだ。彼は少しずつ、今までの間違った認識に気づいていった。

幼い頃から今までの若狭は、知らず知らず自分の周りからの期待に応えたかどうかの評価にフォーカスしすぎていて、相手の状況を理解するという考えがほとんどなかった。

若狭を迎えにきた母親に愛情がなかったわけではない。忙しさの中で、幼い若狭が納得できるほど十分に気遣うことができなかっただけだ。今ならばわかる。母親も人として自分の仕事に向き合い毎日の忙しい人生を精一杯生きていたことを『認め』、大切な若狭のために苦労していたことを認識し、若狭への愛を十分に表現する余裕がなかったことを『許せる』。

(あっ。そうか)

若狭の以前に勤めていた会社は外資系であり、他人を認めたり許したりしていては成果を上げにくい環境であった。これも、若狭の思い込みを助長させた一因かもしれない。そして、母親の件だけでなく日常生活でも同じように、他人を認める、他人を許すということをやってこなかった。

それが、今、山崎や社員たちとうまくやっていけない原因なのかもしれない。

屋久島内省内観。思い込みの根本をみつめていく

自分と向き合い続ける五日間

「今日は、やっとここまでメモに書き出せましたよ」

若狭は毎晩、レストランで夕食を山崎と一緒に食べながら、その日の内容を報告していた。

「よかったねえ。初日二日目とあまり進んでないようだったから、心配していたんだよ」

安堵の表情を浮かべながら話す山崎。そんな山崎を見ながら若狭は思った。

（社員を馬鹿にしてしまう、親と向き合えない、そんな気持ちが自分の中に潜んでいたなんて、夢にも思わなかった。だがもっと驚きなのは、そんな自分の内面を山崎に恥ずかしげもなく話せていることだ）

「いやぁ、本当に良かった」

山崎が微笑んだ。

（静かだ。屋久島の大自然に囲まれ、何日も静かに静かに自分の内面を見つめ続ける。こんな環境だから、山崎にも素直に何でも話せてしまうんだろう。東京にいたら、絶対ありえない）

感慨に浸っている若狭に、山崎が話を続ける。

「若狭君。『認める』『許す』っていうキーワードが出てきてたじゃない。これは、すごく良い気づきに向かっていると私は思うんだ。是非、明日はこのキーワードをさらに深めてほしいな」

「確かにそうですね。よい気づきが生まれるといいですが」

「そうだね。明日も頑張ろう」

（『認める』『許す』というキーワードは確かに気になる。山崎の期待する答えになるかは別にして、何らか次につながる答えは欲しい。みつかるだろうか）

不安と期待の両方を抱えながら、部屋に戻る若狭であった。

屋久島での内省内観ワーク、四日目がはじまった。明日は東京に帰るため、実質今日が最終日と言ってもよい。

気持ちのよい風と小鳥のさえずりの中、若狭はこの日も静かに自分と向き合い、『認める』『許す』のキーワードも念頭におきながら、恵子さんに導かれワークを進めた。

両親のこと、社長である山崎、社員、ワッカーサーと呼ばれる自分、幼少の自分、今幸せなのか、これまでは幸せだったのか、現在・過去・未来を何度も何度も行き来する。ふと我に返ると空には雲が広がり、まだ日没までには時間があるにも関わらず暗くなってきていた。

「も、もしかして……」

若狭の頭の中に、突然、ある方程式が浮かんだ。そして、その方程式が崩れ去っていく。

「僕はとんでもない思い込みをしていたのかもしれない」

「えっ」

若狭は誰かに肩をたたかれた気がして振り向くと、山崎が心配そうに立っていた。

「どうした？　何回呼びかけても返事しないからさ」

若狭は、山崎を数秒間黙って見つめた後に言った。

「夕食の後、部屋に行ってもいいですか？」

「ん？　大丈夫だよ」

「わかりました。では、夜に。すみません。今日の食事は一人でとります」

若狭は、そのまま自分の部屋へ戻り、ベッドに横になった。

（これは、自分の思い過ごしなのか。どうなのだろう……）

帽子を脱いだワッカーサー

「失礼します。若狭です」

若狭は山崎の部屋を訪ねた。

「お疲れ様！　飲みながら、色々振り返ろう」

山崎が若狭を迎え入れた。

「社長、我々社員の価値は、一体なんだと思いますか？」

部屋に入るやいなや、若狭はたまらず山崎に尋ねた。

「社員の価値って、何で測るものだと思いますか？」

「う、うん？」

若狭の矢継ぎ早の質問に、山崎は明らかに戸惑っているようであった。

「あっ。すみません。いきなり質問を続けてしまいまして。まず乾杯しましょうか」

「そうしよう、そうしよう、えーとね」

山崎が慌ててビールと、酒を飲めない若狭にジンジャエールを袋から取り出し渡した。

「屋久島の内省内観ワーク、まだ一日あるけど、お疲れさまでした！」

二人は乾杯した。

「ファー、旨いなあ」

ビールを一気に飲む山崎。山崎の気分が落ち着いたように若狭には見えた。

「順番に話をしますと」

若狭は話をはじめた。

「『認める』『許す』ということを、これまでほとんど他人にやってこなかったことは、認識できたんですよ、でも……」

若狭は少し話すのをためらった。情けない器の小さい自分を見せるような気がしたからである。

「うんうん」

頷く山崎の目を若狭は見た。そして、驚いた。その目は、若狭がこれまで見た中で最も澄んでいて、すべてを受け入れる準備が整っている、そんな目に思えたからである。

「どうしても、他人を『認めたくない』『許したくない』という自分が心の中に居座って離れなかったんです。なんでだ、なんでだ、一日中、自分に問いかけていました」

「そうか。それは本当に大変だったね。無理に答えを出す必要はないよ」

山崎が優しい表情で若狭に言った。

（以前の山崎であれば、なんで期間内で答えが出せないんだと叱られていただろう）

若狭は、山崎の変化も感じながら、話を進めた。

「ありがとうございます。実は、答えかもしれないものが、今日の最後の最後に浮かんできたんです」

「えっ。すごいね、若狭君。何が浮かんだの？」

「それは、『数字』＝『人の価値』という方程式です。数字に表れる成果を出すことと、人の価値とはイコールの関係にある。そして」

若狭は唾を飲み込んだ。

「数字を出せない人は、価値がない……。私は、無意識に、ずっとそう思ってやってきていたんです。だから数字を出せない社員を『認める』『許す』ということができなかった……。まさに、ワッカーサーですね」

「なるほど……」

山崎の先ほどまで澄んでいた目が今度は潤んでいた。

「ありがとう」

山崎が涙ぐみながら話しはじめる。

「よく本当の気持ちを話してくれたね。実は私もそうなんだよ。同じだ。いや、もっと酷い

選択肢は一つではない。良い方法がきっとある。

な。私は、他人を認め許せるようになったつもりでいたんだから……。これまでのワークで、私も気づいてはいたんだ。見ないようにしていたんだ。形式的に、他人を認めて許した振りをしていたんだよ。でもね……」

若狭は山崎の気持ちがよくわかった。

「『認める』『許す』を受け入れてしまうと、稼がない社員が出てきて売り上げが下がってしまいますよね？」

「そうなんだよ」

山崎は頭を抱えた。そして、ビールをまた一口飲む。

「どうしても、そこに突き当たってしまうんだ……」

若狭は、恐る恐る切り出した。

「非常識なのは承知で話してもいいですか？」

「ワークの最後で先ほどの方程式が崩れるイメージが浮かんだんです。つまり『数字』＝『人の価値』ではない、ということです」

「⁉」

若狭の言葉を、山崎は興味深そうに聞いている。

「我々は、売り上げという目に見える数字＝人の価値だと考えていました。でも、目に見えないもの、数字に表れないものも、人の価値として評価されるべきではないかと」

「売り上げはいらないということ？」

山崎が悪戯っぽく質問する。

「そうは言っていません。ただ、売り上げを上げない、契約を取れない社員でも、会社の細々した雑用をこなしたり、売り上げに直接はつながらないがお客様の要求を満足させることが得意な社員もいるでしょう。もっと言うと、ただいるだけでその場が和むムードメーカー的な社員もいるでしょう。そういう人には、その人なりの価値があるのではないでしょうか」

「なるほど」

「そんなことを思うと、僕が絶対だと考えていることが、もしかしたら間違っているかもしれない。もっと他の方法もあるのかもしれない。そんな気持ちになったんです」

「つまり、選択肢は一つではないということだね」

山崎が、ニコリと笑った。

「そうです。そうです。私は仕事はもちろん、すべてのことに対して選択肢は一つしかない、答えはコレだ、と思ってやってきました。でも、他にも選択肢はあるのではないかと感じたんです」

若狭は、立ち上がって窓から外を眺めた。うっそうとした森、星がちりばめられた空が広がる。

「この大自然のおかげでしょうか。他にも選択肢がある。必ずしも『数字』=『人の価値』ではないと思えたんです。もしかしたら、『数字』に拘らなくても人の価値、会社の価値を上げる方法があるのかもしれない、他の見方、選択肢があるのではないかと」

山崎が大きく頷いて、言った。

「ということは、私の提案である志経営への転換を、一緒に同志として進めるのも、選択肢の一つになるという気持ちになってきたのだね」

「まだ心底、賛成というわけではないのですが、志経営への転換も選択肢の一つだとは思えるようになりました」

若狭は正直な気持ちを語った。

「とはいえ、今まで成功といわれてきた経営戦略を捨てることには、まだまだ躊躇いがあります……」

「そうなんだよ……」

山崎が、再び頭をかかえる。

「実は、私も今の戦略を変えるのが『不安』なんだ。できれば、やりたくないんだよ。今回の内省内観でもそこを乗り越えられなくてねぇ」

「わかりました、社長。一緒に色々考えて、良い方向に会社を変えていきましょう。選択肢は一つではない。良い方法がきっとありますよ」

若狭は笑顔で言った。

「ありがとう」

山崎が右手をさしだす。若狭も右手を出し、二人は握手をした。


若狭がそんな気づきを屋久島から東京に持ち帰り、出社するとすぐに、部下から仕事の進め方に関して相談を受けた。クレーム処理についてであった。

部下が、担当のお客様からのクレームに対し、先方の意向をしっかりきいてから対処したいと言ってきたのである。

これまでの若狭であれば部下の意見を認めず「クレームは即時対応」と一方的に指示して

本来の自分を取り戻した屋久島

いたであろう。しかし、気づきを得た若狭は、とっさに「そうだな。とりあえず、それでやってみようか」と部下の意見を認め、採用した。

部下は拍子抜けしたようにポカンとした表情を浮かべながらも、笑顔で「はいっ」と返事をしてクレーム対応をはじめた。

そして「お客様から、すごく褒めて頂きました！」と報告してきたのである。

（やはり、選択肢は一つではなかった）

若狭の中で、屋久島での気づきが確信に変わった。これまでの自分は、自分の狭い視野だけで物事を見ていたのかもしれない。帽子とサングラスを身に着けたマッカーサーの写真を若狭は思い出した。

（僕は帽子とサングラスで、自分の世界を狭めていたのかもしれない。そんな不要なもの、外

してしまえばいい）

山崎文栄堂の鬼軍曹ワッカーサーが、帽子を脱ぎサングラスを外した。本来の若狭謙治に戻ろうとする瞬間であった。

第5章　山崎と若狭　再びの屋久島

恵子さんの提案

「若狭君と同志になれそうですよ。ありがとうございました」

山崎は、恵子さんに満面の笑みで報告した。若狭との屋久島内省内観ワークから帰った山崎は、経営者勉強会の研修会に出席していた。

「謙ちゃんと山ちゃんとの関係は、屋久島にくる前と後では確実に変わったよね。前よりも本音で話せている感じがしたよ」

恵子さんも笑顔で言う。

「はい。これで志経営への転換も少しずつ進められると思います。若狭君も『選択肢は一つではない』ということに気がついて、志経営を受け入れるようになりましたし」

「ん？」

「えっ。な、何ですか？」

山崎は若干のけぞった。恵子さんが、山崎の目をみつめながら顔を覗き込んできたのである。

「気になってるんだけど、『若狭君』て言ってるよね」

「は、はい。そ、それが何か」

「なんで、謙ちゃんって呼ばないの？」

恵子さんは、山崎の顔を睨みつけたまま言った。

「そ、そうは言いましても……。会社の幹部に向かって『謙ちゃん』とは、なかなか言えない……」

「謙ちゃんは、山ちゃんのこと、何て呼んでいるの？」

「社長……、ですかね」

「……。わかった」

恵子さんが真面目な顔をするのをやめて、もとの笑顔に戻った。ほっとする山崎。そんな山崎に向けて恵子さんは言った。

「まだ、上司と部下の枠までは超えられていないんだね。そこを超えて、『志を探求して共有し本当の同志になるワーク』があるのだけど参加してみる？　志経営への転換も加速するよ。きっと」

「どんなワークですか？」

「ああ、場所は屋久島よ。宮之浦岳って知っているでしょ。そこに登ってテント泊するのよ」

「は、はい。そうですか」

（登山かあ。しんどそうだな。そもそも山を登って降りてきただけで、何か変化が起こるのだろうか……）

若干の疑問を持ちながらも、恵子さんの言うことはとりあえず全てやってみようと決めている山崎の心は、ワクワクしはじめるのであった。

「もちろん行きます！」

〈仲村恵子の所見〉月の道の彼方に

満月の光が、東京湾に月の道をつくり伸びている。

ワールドユーアカデミーの研修ルームは、東京湾を一望する高層ビルの上層階にある。

水面に映る月明かりの道は、まるで「こっちにおいで」と手招いているようだ。その幻想的な風景に誘われ、想いは時空を超えて馳せられた。

単純に登山をすれば同志になるわけでも、志が見つかるわけでもない。しかし私の教育プログラムにはやたらと登山が出てくる。

そもそも私はインドア派で、家の中でのんびり本でも読んでいるほうが好きだ。それを証拠に運動に関する靴は、学校で履いた運動靴以外は一足も持っていなかった。それが今となっては革靴から登山靴へシフトし地球を冒険しているのだ。

日本を元気にするための、経営者や経営幹部を鍛え上げ磨きあげるには何が必要だろうか？　それを問いかけた時、ワールドユーの研修ルームで体験しながら教えられることも沢山あるだろうが、それだけでは不十分だと気付いた。

企業の垣根をこえ、仲間どうしが助け合う。

思い通りにいかないことが自然なんだと受け入れる。

人もまた地球に活かされていると感謝する。

私もそう教えて頂いたように、大自然が私たちに教えてくれる経験体験は無限大だ。

地球で学ぼう、世界中を冒険しよう。自分たちの世界を拡げて行こう。

せっかく地球に生まれてきたのだから、この学び舎で魂を成長させたいと願っている。

自然は変化し続けるように、時代も変わる。

今までの成功法則は終わりを迎える、新たな季節を迎えるように。

それはある特定のスパンで繰り返される。自然発生的に山火事が起こり、新芽が芽吹く。小さな恐竜たちがドンドン進化し巨大になり、死に絶える。そしてついに恐竜時代が終焉を迎え新時代に、哺乳類の人間が生まれた。こんな小さなひ弱な体が、まさか新時代のリーダーになるとは。ティラノサウルスが今生きていたら、「マジか信じられない」と言うだろう。

この繰り返しは誰も止めることができない。神が決めた自然のサイクルだから。

新時代となっては、全く役に立たない古い考え方からシフトして、売り上げを追いかけずに幸せに成功する方法を体得してもらいたい。楽しくお金を循環させる方法はある。そのために必要なのは経営者と幹部が同志になること。志が中心のチームをつくること。最初に必要なのは共感する志だ！

ではどうすれば、わかり合えない敵同士のように拡がってしまった溝を、その正反対の信頼や絆へと近づけることができるのだろうか？　具体的に何をすれば良いのか？　ここが私にとって重要な課題であり挑戦だった。

過去の思い込みを再定義する第1ステップをクリアする方法は内省内観でできた。

これも相当苦労した。私一人ができても仕方ない。皆が自分のことは自分でできなければ意味がない。そこで毎月二日間、内省内観ができるようになるよう、すべてのノウハウを教えてきた。トレーニングなしに変化なし。そして繰り返せば確実に変わることができる。

次は、志を一つにした同志になる第2ステップを越えて行く体験が必要だ。

同じ会社の仲間であるはずが、全く同じ方向を向いていない理由は、考えればいたってシンプルだ。人生のゴールが定かではないから。

そもそも社長をはじめ全社員、魂が燃えるほど心の底から望んだゴールが、現状ではあるわけではない。とりあえず一緒にいて売り上げをあげる日々では、人生と仕事が分断されて、生きる意味がわからなくなる。

社長や幹部は「毎日、しっかり仕事しといて」と指示はするものの、向かう先がわからない。みんなで迷子になり迷走していれば、社員が全力で助け合うことも、わかり合うことも、智恵を出し合うこともあるわけがない。

そもそもモチベーションとテンションは別物だ。仕事の意味がわからず、やる気がおこらなければ、毎回ご丁寧にテンションを上げる儀式を行い、お客様の前でつくり笑顔の練習をし、空元気で声を上げ、帰路につけば溜息しかでない。酒でも飲まずには眠れない。

向かう先がわからなかったら、なんだか虚しく疲れたチームになってしまう。『最初は志』皆が望む未来が、目的が明確にわかれば誰でも歩ける。楽しく生きられる。モチベーションが湧いてくる。

子供時代にはできたではないか。やりたいことがあったろう。お祭りでも運動会でも文化祭でも、そして皆で練習し全力を出し知恵も出した。なぜ大人になって、シンプルで大切なことを忘れてしまったのだろう。なぜ大人は幸せに成功する方法を探求しなくなったのか？その答えは『教育』なのだが、その話はまた別の機会に譲るとしよう。

話を登山に戻そう。

一番わかりやすい登山を通じて、志経営を体験学習してもらっている。

まず登山にはゴールがある。明確でシンプル。「登山にいきますよ。でもどこの山かわかりません」なんて馬鹿な話はない。行き先が明確なら、装備も難易度もすべて準備ができるから、対応策も考えられる。

参加者は、全員助け合い励ましあい、一歩ずつ行動しなければならない。役職は自然の中で過ごすうちに関係なくなる。人として自然の一員として、私たち全員が仲間になっていく。

屋久島はありがたい。三六五日雨が降る。人間の思い通りにはなってくれない。いくら何とかしろと言っても、平等に雨は降る。思い通りにならないことを、受け入れる。素直な自分が出てくる。

「お腹すいたなぁ〜」「おやつあるよ」

「歩くのが辛い」「荷物持とうか？」

「虫がいやだぁ〜」「えっ社長マジで？」

「テントの張り方がわからないよ」「手伝いますよ」

皆が仲間になる、鎧を脱いで着ぐるみ脱いで笑顔になる。

本音が出てくる。呼吸が楽になる。自然に包まれる。気持ちいいよ。ありがとう！

大自然に包まれた登山体験を通じて、空を見上げながら焚火をしながら自然の中で仲間と共に魂に問いかけたい！

私たちの魂の願い。それはとてもシンプルではないだろうか。志は、皆が応援したくなる皆の願い。そんな会社をつくろうよ、できるのだから！

山崎文栄堂は数年後、働きながら世界中を冒険し、仲間ができ、喜びながら成功してしまう。そんな企業になる。楽しい未来が待っている。そのすべての仕組みはもうある。創造したものは実現できる。

新時代がくる。

屋久島　宮之浦岳ワーク

「というわけで、また一緒に屋久島に行って、宮之浦岳を登ろう」

若狭は社長室に呼び出されていた。屋久島の内省内観ワークから数ヶ月後のことである。屋久島から帰ってきてから「選択肢は一つではない。自分ではだめだと思ったことでも、うまくいくことはたくさんある」ということを若狭は実感していた。周りの社員の行動にも変化が出る兆しも出てきた。だが、次にどう行動をとっていけばよいかまでは、まだわかっていなかった。

「前回と同じく、屋久島では何かが起きる予感がします。もちろん、お願いします」

山崎と共に恵子さんにコミットしている若狭は即答した。

心の中には言葉と映像が次々と現れた。

屋久島の緑と空気、小鳥のさえずる中での若狭自身の声「選択肢は一つではない」

経営者勉強会での恵子さんの言葉「心から信頼できる仲間と、世界中を冒険して、なおかつ業績がよくなっていく方法があるとしたらどう？」

母の言葉「いつまでも謙虚に学び続けて、人の役に立ってほしい」

（今後の自分や山崎文栄堂のために、宮之浦岳には絶対に行かなければいけない。根拠は全

くないが、そんな気がする)

数ヶ月後、若狭と山崎は屋久島にきていた。今度は山登りと途中テントで一泊する準備もした。

「なんか、昔から山登りしていた人のような恰好だなあ」

山崎ははしゃいでいる。若狭も、とてもリラックスしていた。屋久島の空は晴れていて、空気も気持ちがいい。

(最高の気分転換だ)

鳥のさえずり、川のせせらぎをききながら、緑の深い森へと入っていく。都会ではなかなか味わえない土の弾力を感じながら歩く。

「気持ちいいなあ。毎月、来ましょうか」

「いいねえ。ここを本社にするか」

若狭と山崎は冗談を言い合いながら、恵子さんや他の経営者勉強会メンバーとともに、宮之浦岳を登りはじめた。

人生を変える衝撃の出来事が、この後待っているとは、この時の二人はもちろんまだ知らない。

第6章　山崎と若狭　人生のタイムラインを歩く

山崎文栄堂で、本当にやりたかったこと

（なんで、このワークに参加してしまったんだろう……）

若狭は後悔していた。

宮之浦岳を登りはじめてすぐ、突如雷鳴が轟き大雨が降ってきたのである。空には分厚い雲が立ち込め、一気に辺りの温度を奪っていく。急激に下がった気温と、冷たい大雨。立っているだけでもやっとの状況に、若狭はこのワークは中止になるだろうと思った。

しかし、そうはならなかった。宮之浦岳を登り、縄文杉の下で瞑想、テントの中で一泊と予定通りに行われたのであった。

とにかく辛かった。身体は冷えていくし、あちこちが痛い。荷物は重いし、足を前に出す

のがやっとだ。目に入った雨を、びしょ濡れの袖で拭いとる。それでもまだ雨はフードを通りこして、顔に降り注いだ。若狭は思わず、顔をしかめた。

「なにもこんなときに降らなくたって……」

若狭は、テントで山崎と食事をしているときに、愚痴をもらした。

「いや。絶対、この雨に降られるという体験にも何か意味があるに違いないよ。頑張ろう」

この雨を前向きに捉える山崎が言う。

「なんか、体が浄化されている気がするな」

「なるほど。そういう解釈はありですね」

(本当にそう思っているのか?)

最近は本音だと思える発言も少しずつ増えてきた山崎だが、やはり建前というかカッコをつけるような発言もまだ多い。これも建前かな、そんなことも考えながら若狭は眠りについた。

二日目、若狭は目覚めた。体中が痛い。筋肉痛だ。そしてまだ雨は降り続いている。簡単な朝食を取り、昨日着ていた全然乾いていない湿った登山服に着替えて、テントの外に出る。集合時間ギリギリで、すでに皆は集まっていた。

「おはようございます」

恵子さんが、今日のワークの説明をはじめた。

「これから、トロッコ道を歩いてもらいます。距離は八キロメートル以上あります。皆さん、他の方とは間隔をあけて、一人で歩いてください。このトロッコ道を、自分の人生のタイムラインだと思って、これまでの研修やワークで行った内省内観をさらに深めて下さい。そして、心に浮かんできたこと、気づいたことを、キャッチしてください」

参加者たちは頷いて、順番に等間隔で歩き出した。

「疲れているように見えるけど、大丈夫か？」

心配する山崎に、若狭は言った。

「大丈夫です。先に行きます……」

強がってみせた若狭であったが、足腰はすでに疲れ切っていて、言うことをきいてはくれない。大雨の中、びしょ濡れになった足を引きずりながら、若狭は歩きはじめた。

足元にあった大きな枝に足を取られ、若狭は前につんのめった。膝から崩れ落ちそうになる。勢いのまま両手を着くと、ぐにゃりと、水でふやけた土に指先が食い込んだ。疲労のせいだろうか、意識が朦朧としてくる。靄がかかったような景色の向こうに、思い出が浮かんでくる。

社員たちに競合先のカタログを破らせる。ノルマや評価で社員を追い詰める。「ついていけません」「私はこの会社にいてはいけないだめな人間です」そう言って辞めていった社員の姿が、若狭の目の前に現れる。

（これが自分の人生なのか……）

若狭の心は折れそうだった。

一方、山崎は若狭の一〇メートルくらい後ろを歩いていた。どしゃぶりの雨、ぬかるんだトロッコ道。前を歩く若狭が苦しそうに歩いている姿が見える。

若狭をこんなところに連れてきてしまったという罪悪感が湧き上がる。

普段は強い意志を持っている山崎であるが、疲労の向こうから弱い自分が首をもたげる。

「不安だ……」

山崎は一人呟いた。会社の売り上げを伸ばし続けなければならない、立ち止まったらアウトだ、という不安や焦りが、どうしても綺麗に晴れない。

あるときの就職説明会に参加していた学生の姿が浮かび上がった。「山崎社長の夢はなんですか？」と質問した学生だ。山崎はこの答えに窮した。売り上げを上げる方法はいくらでも答えられる。だが、夢と言われると、即座に答えられない自分がいたのだった。

（夢も語れない自分が社長をやっていていいのか。辞めた方が皆のためなのではないか）

山崎が心の奥に隠していた感情が湧き上がってきた。

（これが自分の人生なのか……）


そんなとき、恵子さんの声が森の中に響いた。

「何のために生きているの？」

「本当は何をしたかったの？」

「なんで会社を経営しているの？」


意識朦朧として歩いていた若狭は、この恵子さんの声をきいて、ぼんやりと考えた。

（何のために生きているんだろう）

数々の思い出が浮かび上がる。両親や姉と笑顔で食事をしているシーン。学生のとき部活に打ち込み、仲間と肩を組むシーン。山崎と会社の将来を語り合い握手したシーン。

それまでは、社員を追い詰めたりした暗い過去ばかり浮かんでいたイメージが、楽しかった場面へと切り替わっていく。

（あの頃は楽しかったなあ。皆と喜びや楽しみをわかち合っていた気がする。）

(本当は、この会社で何をしたかったんだろう)

呟きながら若狭は歩いた。

(社員を追い込んで疲弊させる。そんなことがしたかったわけじゃない)

若狭の心が叫んだ。

(本当は山崎と語り合い、幸せな会社をつくりたかったんだ……)

当時を思い出し現在とのギャップの大きさに気づいた若狭は、気力が萎え、立ち止まりかけた。雨か涙かも区別がつかない濡れた顔をタオルで拭いながら。


「何のために生きているの?」

「本当は何をしたかったの?」

「なんで会社を経営しているの?」


森の中にこだまする恵子さんの声を、山崎もきいていた。

(何のために生きている? 本当は何をしたかった? 毎日の生活に追われて、改めて考えることはなかったな)

トロッコ道をフラフラと歩きながら考える。一体、自分は山崎文栄堂で何がしたかったんだろう。金持ちになりたかったのか。そうかもしれない。でも、それがメインではない気がする。資金繰りが悪化して倒産しかけた会社を存続させたかった理由はなんだったのか。わからない。やはり金を稼ぎたいだけだったのか……。

不意に、若狭が入社したばかりの頃のシーンが浮かんできた。若狭と一緒にどんな会社にしていくかを毎日、夜遅くまで語り合った。毎日、毎日。

(そ、そうだったのか)

自分が会社をやっている理由がわかった。いや、思い出した。自分は、人を幸せにしたかったんだ。面白くて人の役に立つ仕事をしたかった。それを通して、お客様や社員を幸せにしたかったのだ。

しかし、そのためには、まず売り上げを上げることが必要だと世間は言った。ずっと、それに従ってきた。頑張ってきた。すべて皆を幸せにするためだった。

(そうか……)

いつの間にか本来の目的を忘れ、売り上げを上げるという手段が、会社をやる目的になっていた。

(今、私がやっていることは、もともと私がやりたかったこととはかけ離れてしまっていたのか……)

「ということは」

山崎は呟いた。

(自分はだめな人間ではなかった。だめな社長でもない。本来の自分を見失っていただけなんだ。やっぱり、ありのままの自分で良いんだ)

以前の屋久島での内省内観でも「ありのままの自分でいい」という気づきはあった。そのときはまだ半信半疑だったが、これで自信が持てた。

空を見上げると、若狭との思い出が浮かんできた。どんなときも、自分のむちゃくちゃな提案を受け入れてくれた。辛い役回りもワッカーサーとまで呼ばれながら、こなしてくれた。感謝の気持ちが湧水のように湧いてくる。

「びちゃっ」

空ばかり見ていた山崎は、水溜まりに足を踏み入れた。濁った水溜まりに山崎の顔が映る。茶色く濁ったその顔から、今度は、山崎の中にあった若狭への醜い気持ちが吹き出した。

(若狭に負けたくない。若狭の実力を認めたくない。私は社長。一番偉いんだっ。……同志になりたいと言っておきながら、若狭と同列にはなりたくない自分がいたのか……。体の力が急激に抜ける。限界だ)

山崎は立ち止まりかけた。

そのときだった。

急に雨がやんだ。

雲の切れ間から太陽が顔を出し、光が森に差しはじめる。

急速に雲が消えていく。太陽の光は雨で濡れた周囲の木々を照らし、きらきらと輝かせた。

これまで暗くよどんでいたトロッコ道が明るく照らしだされる。

暗く、色彩を失っていた森に、色が降り注いだ。

降りてきたキーワード

「うわっ」

若狭は眩しさに目を細めた。身体はずぶ濡れだし、背負っている荷物も着ている服も、雨を含んで一段と重くなっているはずなのに、その光を全身に浴びた若狭は、身体が軽くなっていくのを感じた。

さっきまで若狭を苦しめていた雨だったが、木々の葉は青々として、雨を喜んでいるように深い緑色になる。

近くを流れる川からは凄く大きな音がきこえる。

太陽が出はじめると、雨粒一つ一つに太陽の光が降り注ぎ、それらすべてを輝かせる。深い緑色をしていた木々は明るい色となる。

潤った森は一斉に活気を取り戻したかのように、風がそよぎ、空気が浄化されていく。

川の水は、海へと流れていくのだろう。

自然は循環している。雨や太陽は循環しているのだ。そして若狭自身も、この大きな循環の一部分として存在しているのだと、全身で感じた。

(そういえば)

若狭は、自分が小さい頃から、副キャプテンや副委員長になることが多かったことを思い出した。部員とキャプテンの間を繋いだり、先生と委員長との間を繋いだり、何かを繋ぐ循環の一つになるのが合っているのかもしれない。そして、人やご縁、色んな繋がりを大切にする。そんな人生を歩んでいきたい。不意に思った。

なぜか山崎との思い出が蘇ってきた。入社面接での出会い、語りつくした毎日、わかり合えない日々、屋久島で一緒にいるこの瞬間、不思議な繋がりを感じる。

山崎と社員、山崎文栄堂とお客様、他の縁のある人や会社、それらを繋いでいきたい。そんな気持ちになった。

(そんな繋がりを持つことで、売り上げは上がるのか？)

昔の若狭が問いかけてきた。

(選択肢は一つじゃない。繋がりを大切にすることで、きっと新しい展開が生まれるよ)

今の若狭の心が迷いなく答えた。そして、何気なく目を閉じた。

目を閉じても、眩いほどの太陽の温かさと眩しさを感じることができる。若狭はなぜかとても温かい気持ちになるのを感じた。そして、キーワードが降りてきた。

(キーワードは『繋ぐ』だ。自分が本当にやりたかったのは、幸せを繋いで拡げていくことだったんだ！)

若狭に不思議と力が湧いてくる。

「皆の『幸せ』を繋いでいく。そして、拡げていく」

若狭の口から、自然と言葉が出た。

その頃、山崎は、歩く力も湧かず立ち止まりつつあった。

「若狭君に嫉妬していたなんて…。もう限界だ」

突然、雲が晴れ、周囲が急激に明るくなる。

そして、ゴールはもう少しだといわんばかりに山崎の背中を押す爽やかな風が吹いた。

木々がさわさわと柔らかい音を立てる。

「若狹君に負けたくない。そんな小さい見栄やプライド、捨てちゃえよ」

山崎には、木々がそう言っているように思えた。さらに耳をすます。

「皆を幸せにしたいんだろ」

「できるよ。若狹君、いや、謙ちゃんと一緒ならできるよ。ずっと同志になりたかったんだろ」

風に揺れていた葉が山崎の頬に軽く触れた。

無意識にその葉の方に振り向くと、壮大な森が山崎を包み込むように迫ってきた。

(この自然に比べたら、私は本当にちっぽけな存在だ。プライドや見栄なんて何の意味もない。そんなちっぽけなものなんか、さっさと捨てて、本来の自分がやりたかったことをやろう)

山崎は、心からそう思った。

それまでの若狹との出来事が走馬灯のように甦る。それぞれの場面で、山崎と若狹の間にあった壁がどんどんと崩れていく。それと共に、あれほど頭の中に充満していた「不安」がスーッと抜けた。

(謙ちゃんと一緒なら、きっとうまくいく)

山崎は、自然に目を閉じた。

山崎文栄堂で、山崎と若狭、そして、社員が皆、幸せそうに仕事をしているシーンが浮かぶ。そして、キーワードが降りてきた。

(キーワードは『幸せ』だ)

「仕事を通して、謙ちゃんと一緒に皆を幸せにする。それが本当の自分なんだ！」

山崎が叫ぼうとしたそのとき、前を歩く若狭が木の根に躓き大きくバランスを崩す姿が見えた。

「謙ちゃん！」

山崎は、無意識に駆け出した。

魂の同志　誕生

「あっ」

若狭は木の根に躓き、雨水を含んだ地面の上に倒れた。背負っている荷物の重みと限界を通り過ぎている体の疲れで、起き上がれない。

「大丈夫か」

かなり後ろを歩いていた山崎が駆け寄り、若狭を起こしてくれた。

「すみません。ありがとうございます」

「足元、滑るよね。ちょっとだけ、荷物持つから」

この道は、まるで人生だ。ゴールまでの苦難の道、誰かの支えなしでは生きていけない。ときには、差し伸べられた手を摑むことも必要なのだ。そしてその人との繫がりを意識し、縁を忘れない。

「あっ」

今度は、山崎が足を滑らせ、若狭がそれを支えた。

「大丈夫ですか」

「ありがとう。助かった」

若狭は山崎と肩を組みお互いを支えあいながら、一歩ずつ歩きだした。この一歩で未来を変えることができるのかもしれない。

一歩一歩、ぬかるんだ土を踏みしめ、地球との繫がりも感じながら、若狭は山崎と歩く。

不意に、山崎が若狭に尋ねた。

「謙ちゃんは何だった?」

謙ちゃんと呼ばれたことに戸惑いつつも、若狭は一瞬何をきかれているのかわからず、思わず山崎を見つめた。

「キーワードだよ、キーワード」

山崎が、歩きながらにやりと笑う。

「ああ、キーワードですか」

若狭は照れ臭くもあり、少しだけ言いよどんだが、清々しい想いで答えた。

「僕は『繋ぐ』という言葉が出てきました」

おおっと驚く山崎の顔を見ながら、若狭は続けた。

「人は本来、幸せになるために生まれてきたんだと思います。だから、僕は、人に幸せを繋ぎたい」

若狭は自分の目から涙が溢れてくるのを感じた。

「もう、社員を追い込んで疲弊させていくのには耐えられません。そんなことがしたかったわけじゃなかった。本当の僕は、皆と幸せな気持ちで繋がりたかったんです」

山崎が、若狭の肩をポンポンと叩いた。

「そうだったんだね。よく話してくれた。実は、私のキーワードは『幸せ』だったんだ」

山崎は笑顔で言った。

「僕が山崎文栄堂で本当にやりたかったこと。それは、この会社と関わるすべての人を皆、幸せにすることだったんだよ。企業だけでなく社会も、皆、幸せを願っているはずだよ。だから、もともとは、そういう社会を創り出していくことに貢献できる会社にしたかったんだ」

その言葉に若狹は驚いて、思わず山崎の顔を見た。若狹が考えていたことと、似ていたからだ。

(そうか。目指していたものは、実は同じだったのか)

ふっと、若狹の体の力が抜けた。いつからかはわからないが、山崎と一緒にいるときには常に警戒するような緊張するような感覚があった。その感覚が今、スッと抜けた。それに代わって、安堵・安心という感覚が若狹の心に入ってきたのであった。

「だ、大丈夫? さ、さすがに疲れたよね」

必死で若狹の体重を支えている山崎。

「すみません、山ちゃん。僕と同じ想いだったことにビックリして、一瞬、体の力が抜けてしまいました」

体勢を立て直しながら若狹は答えた。

「……」

山崎がなぜか嬉しそうな恥ずかしそうなびっくりしたような、何とも表現しにくい顔をして黙っている。

若狹は、自分が何かへんなことを言ったかなと思い、先ほどのセリフを振り返った。

「あっ！　すみません。山ちゃんなんて呼んでしまって。無意識に言葉が出て……」

若狹はあわてて謝る。そんな若狹の謝罪が終わる前に、山崎がさっきの数倍の力で、若狹の肩を何度も叩いた。

「ありがとう！　まさか、自然にそう呼んでくれるなんて、めちゃくちゃ嬉しいよ。これから未来永劫『山ちゃん』って呼んでくれーー」

「わーかーりました。痛いからやめてください。これから『山ちゃん』と呼びますから」

にやけながら若狹は言った。

若狹は、はじめて社長と幹部という形ではなく一人の人間として、山崎と付き合えたような気がしていた。

太陽は沈みはじめ、空は夕焼けで赤く染まっている。その光を受け止めて赤く輝く屋久島の大木は、今の山崎と若狹の燃え立つ感情を投影しているかのようである。

その大木の上空を、二羽の鳥が並んで優雅に飛んでいく。まるで山崎と若狹のように思えた。そして、その二羽の後を、多くの鳥たちが群れをなして飛んでいった。

「幸せな社会を創り拡げる」

2人のゴール地点。この場所から新たな山崎文栄堂の志が生まれた。

不意に山崎が、若狭に言った。

「いい言葉でしょ。今、この景色を見て浮かんだんだ」

「山崎文栄堂の志ですね。最高です！」

「あと少しだよ」

恵子さんの声がして、若狭と山崎は視線を前に移した。

ゴール地点まであと少し。そこで、恵子さんたちが待っていた。

「よし、行こう」

肩を組んでゴールした若狭と山崎を、恵子さんが迎えた。

「間隔をあけて一人で歩くようにって言ったのに。まあ、大きな進歩があったみたいだから、良しとするか」

恵子さんが満面の笑みを浮かべる。
山崎文栄堂に『本物の同志』と『志』が生まれた。

第7章　魂の同志となった二人

二人は東京に戻った。羽田空港でターンテーブルからスーツケースが出てくるのを待つ。若狭の目の前を山崎のスーツケースが流れていく。

「これ、山ちゃんのですよね」

自然と山崎に声をかけ、スーツケースを持ち上げる若狭。そうしている間に、若狭のスーツケースが流れていく。

「あっ」

取り損ねたと若狭が思った瞬間、山崎がダッシュして、若狭のスーツケースを持ち上げた。

「はい。謙ちゃん」

「ありがとうございます。助かりました」

（こんな関係になるとは）

若狭は微笑む。宮之浦岳に行く前にあった若狭と山崎との壁はなくなっていた。

空港の出口に向かって歩く二人。若狭は、会社のビジョンを躊躇せず山崎に語った。

「人を追い込んで疲弊させて、成果と評価のみで判断する、そんな経営を変えましょう」

「僕もそう考えていたよ」

山崎も、以前の山崎ではない。

「でも、一人でやるのは難しい」

山崎は、悪戯っ子のような笑みを浮かべた。

「謙ちゃん、一緒にやってくれるよね」

若狭はもう、その笑みにかつての怖さなど感じない。今あるのは、山崎と一緒に幸せな会社を創っていきたいという想いだけだった。

「はい。喜んで」

「幸せな社会を創り拡げていく会社にしよう！」

二人は立ち止まり、空港のど真ん中でハグをした、周りの客の奇異な視線も気にせずに。

次の日、出勤した若狭は、山崎と数人の幹部とともに定例会議に出席した。

この会議の冒頭で、山崎は言った。

「宮之浦岳に私と謙ちゃんで登ってきました。そして、当社の志を決めました。『幸せな社会を創り拡げる』です。皆さん、この志でお願いします」

大した説明もなく、話を終える山崎。

周りの幹部たちは、全く意味がわからず、ポカンとした表情をしている。詳しい説明をしようとした若狭に、山崎から目の合図が届いた。

（説明してもわかっては貰えないよ。今は我々二人だけが理解していれば問題ないんだ）

山崎の目がそう語っていた。

「そうですね。この会議も『幸せな社会を創り拡げる』ための会議にしましょう」

若狭が発言した。引き続き、ポカンとした表情の幹部たち。

山崎と若狭だけは、控え目な笑みを浮かべていた。


若狭は、経営者勉強会で恵子さんが言っていたことを思い出した。「心から信頼できる仲間と、世界中を冒険して、なおかつ業績がよくなっていく方法があるとしたらどう？」

当時は、そんなことあるわけないとしか思えなかったが、もしかしたら、その方法がこれから見つかるのかもしれない。これから、どんな学びができるのか、どんな冒険が待っているのか、若狭は期待に胸を膨らませる。

こうして、社長と幹部が魂の同志となり、志経営が定まった山崎文栄堂は、少しずつ生まれ変わりはじめた。

「山ちゃん、これは社員にとっても会社にとっても幸せに繋がりません、やめましょう！」

山崎を説得する若狹。

「こんな面白いやり方みつけたんだけど、皆のためになるかな」

若狹の了解をとって、社員が楽しくなるような制度を導入しようとする山崎。

社長室では、山崎と若狹が、どう会社を変えていくか、ときには泣いたり激しい言い合いをしたり、ときには爆笑しながら、毎日、日付が変わるまで議論している。

「よし。次は、あの二人と屋久島に行って、会社の変革を加速させよう」

「いいですね。大賛成です」

そして、山崎と若狹の二人は、新たな二人の幹部を巻き込み、新生山崎文栄堂への道を切り拓いていく。

ある日、冗談で山崎がこんなことを言った。

「仮に会社を揺るがすような大事件が起こっても、謙ちゃんと一緒なら、へっちゃらだよ」

共に宮之浦岳山頂に立つ山崎と若狭

若狭も迷わずに答える。

「そうですね。山ちゃんとなら、不安は全くないですね」

「ノンストップで『幸せな社会を創り拡げる』を実現する会社にしていくぞ！」

こうして、山崎と若狭、無敵状態の同志が誕生したのであった。

しかし、この後、本当に『会社を揺るがすような大事件』が起こることを、この時の二人は知る由もなかった……。

おわりに

いかがでしたでしょうか、山崎文栄堂に本当に起きた奇跡の物語。でも、まだこれは前半戦です。実はこの後、山崎文栄堂が急転直下の倒産の危機に直面する、神様の試練（試験）が待っているのです。

次の第3ステップ「チームが一つになり」、第4ステップ「他力の風が吹くチームへ」の挑戦、営業会社が営業せずに応援してもらえる奇跡の会社になる新しい働き方への挑戦になります。

さあ、山ちゃんと謙ちゃんは、どんな奮闘を見せてくれるのでしょうか？　後編をお楽しみに！

この本の「はじめに」の部分で、ワールドユーアカデミーの「日本を元気に立ち上がれ豈《やまと》魂《だましい》！」について記述しましたが、ここではさらに未来について話をさせてください。

私は、本当に知りたいことを学び続け探求するにつれ、特に昭和の戦後教育のなかで日本民族として失われたものが、あまりにも多いことに愕然としました。

言語そのものや神語り、日本の歴史や文化や農業、さらに愛国心や愛社精神、家族愛など日本人として大切な教育を失い、志をなくし、売り上げを上げれば幸せになれるような考え方が、いつのまにか時代の中心になっていったように感じたのです。

そこで、経営者が学び続けながら、会社を寺子屋のような学び舎に出来たらと考えています。

今の教育は先生にマルを貰える正しい答えを記憶し答えているように思えてなりません。

私たちに必要なのは答えが一つではなく、試練が来るたびに、どうすればいいのか選択肢の幅を拡げ、全く新しい第3の道をみつける叡智です。

かつての寺子屋では、自分だったらどう考えるのか？　それぞれの意見を座学で語りあい学んでいました。

今の大人たちにコロナ禍でどう戦えばいい？　と聞くと「自分では責任がとれないし、会社の方針だから、国の方針だから仕方ない」と、諦めてしまう人もいるのではないでしょうか？

その制限の中で「自分たちが出来ることに挑戦しよう」と考えたいのです。

私たちヒーローズクラブには、コロナ禍でもみんなで創意工夫し、過去最高売り上げを叩き出し、応援して頂けるような企業がドンドン増えています。

どんな時代においても、やれる事はあるはずです。今こそ叡智を磨き素晴らしい未来を創造する為に力を合わせて、挑戦していきたいものです。

その為に必要なのは豈プロジェクトで取り組む、「農業・教育・文化・経済」つまり善き仲間だと思っています。

特に教育は未来への希望です。会社にはすべてのインフラが整っています。地域の人々、子供たちを迎えることのできる教室になれば幸いです。

さらに精神性を高めることで仕事を通じて世界に貢献し、魂の格を上げることができれば、神様にとって必要なだけ売り上げは伸び、たくさんの仲間に愛され応援されて行くでしょう。そして精神性が高くなればなるほど、悩みごとは消えていく。善き仲間と出逢うことで人生は大きく繁栄していくのです。

日本の中小企業が、助け合い善き仲間になって日本を元気に復興する。豈プロジェクトが始まりました。

私たちの中にありありと広がる壮大な青写真。喜び溢れる楽しい国が復興するイマジネーション。それはみんなの願いです。そんなより大きな志に向かい、共に生きる人生は最高に楽しいですね。

もし現在が気に入らなければ、望む未来にリアリティを持って行動してみませんか。登山のように一歩ずつ歩み続ければ必ず登頂できるのです。今までの普通を超えて積極的に一歩上に、どんな試練も楽しんで行こうと言いたいのです。

想像でしかない世界を実現しようと挑戦すれば、当然試練もあるでしょう。しかしすべては意味のあることしか起こらないと信じましょう。

積極的に古い考えを手放したとき、なぜか理由はわからないけれど、魂の声がきこえる。

神様はきっと応援してくれる。そんな揺るぎない感覚に包まれます。

それは情熱でも挑戦でもなく、とても穏やかで静かなごく自然な感覚です。季節が巡るように時代はドンドンよくなっていくのだから。

きっと良くなる、きっとできる。

そんな物語を、これからも伝えていければと思っています。

「HERO’S CLUB」「豈プロジェクト」主宰
株式会社ワールドユーアカデミー 代表取締役 仲村恵子

屋久島の映像や、体験記などもたくさんありますので、「World U Academy/ヒーローズクラブ」のＹｏｕＴｕｂｅチャンネルを見てみてくださいね。

YouTube チャンネル
QR コード

仲村　恵子 (Keiko Nakamura)

志経営コンサルタント
株式会社　World U Academy 代表取締役
ヒーローズクラブ　豈《やまと》プロジェクト主宰

22 歳で独立起業し業績を伸ばすも、いつのまにか数字を追いかけ続ける人生に疑問を持つ。世界中にメンターを探し、「人生と仕事の繁栄を実現する」ための「考え方をシフトする独自のプログラム」を開発。志経営コンサルタントとして、延べ 1 万人以上のトレーニングを担当。

研修しても根本的な解決は出来ないと言われるコンテンツ「人間関係と新時代のお金の問題」を、画期的な学習プロセスで安全に理解し、まるで奇蹟のようだと言われる結果を引き起こし、経営者・経営幹部・後継者・ご家族の問題を根本的に解決し、数々の実績を収める。

近年では日本人の根幹となる精神性の高さを復興する豈プロジェクトを立ち上げ「地球で学ぶ。会社が魂の学校になる日」を始動。世界遺産屋久島・カナディアンロッキー・ヒマラヤ山脈・北極圏など地球をフィールドに質の高い体験を通して、社会に貢献し愛される魅力的な会社を超えたコミュニティづくりに邁進している。

World U Academy　https://world-u.com
ヒーローズクラブ　https://heroes.world-u.com

【仲村恵子 著】

本書の第１弾、好評発売中！

経営という冒険を楽しもう！

売上ゼロ！コロナ禍から 120 日で
V 字回復した奇跡の物語

山岳旅行代理店「山旅人」と高級寿司店「銀座鮨おじま」
２社がコロナ禍からＶ字回復を果たしヒーローとなるまでの物語
《アマゾン３部門、大手書店のビジネス書部門で１位獲得！》

定価 1500 円（税込）　A5 判　238 頁　重版出来

鳥影社

経営という冒険を楽しもう 4
山崎文栄堂の奇跡　前編

定価（本体1364円+税）

乱丁・落丁はお取り替えします。

2021年12月12日初版第1刷印刷
2021年12月16日初版第1刷発行
著　者　　仲村恵子
発行者　　百瀬精一
発行所　　鳥影社 (www.choeisha.com)
〒160-0023 東京都新宿区西新宿3-5-12トーカン新宿7F
電話 03-5948-6470, FAX 0120-586-771
〒392-0012 長野県諏訪市四賀229-1（本社・編集室）
電話 0266-53-2903, FAX 0266-58-6771
印刷・製本　モリモト印刷

ISBN978-4-86265-934-7 C0095